管理有道

MANAGEMENT

苏勇 著

企业管理出版社
ENTERPRISE MANAGEMENT PUBLISHING HOUSE

图书在版编目（CIP）数据

管理有道 / 苏勇著 . —北京：企业管理出版社，2019.7
ISBN 978-7-5164-1973-1

Ⅰ.①管… Ⅱ.①苏… Ⅲ.①管理学 Ⅳ.① C93

中国版本图书馆 CIP 数据核字（2019）第 125288 号

书　　名	管理有道
作　　者	苏　勇
责任编辑	韩天放　黄　爽
书　　号	ISBN 978-7-5164-1973-1
出版发行	企业管理出版社
地　　址	北京市海淀区紫竹院南路 17 号　　邮编：100048
网　　址	http://www.emph.cn
电　　话	编辑部（010）68701638　发行部（010）68701816
电子信箱	qyglcbs@emph.cn
印　　刷	北京环球画中画印刷有限公司
经　　销	新华书店
规　　格	145 毫米 ×210 毫米　32 开本　11 印张　210 千字
版　　次	2019 年 7 月第 1 版　　2019 年 7 月第 1 次印刷
定　　价	78.00 元

版权所有　翻印必究　·　印装有误　负责调换

自序 Preface

运用之妙　存乎一心

《管理有道》一书终于付梓出版，完成了我的一桩心愿。

管理学是一门有趣且极有实践性的社会科学。有趣之处在于，它能让你随时关注各种社会现象中的管理问题。例如，中国改革开放 40 年来，社会发展日新月异，与此同时也出现不少新问题，促使管理学者去研究；社会中的诸多问题只要细细分析，最后都可从中看到管理方面的缺陷与不足，其中宏观、中观和微观管理的问题都会存在。这既给管理学者提供研究不尽的新课题，也提出层出不穷的新挑战。而且，用管理学的 PEST（政治、经济、社会、技术）框架视角来看，因为政治变迁、经济飞跃、社会发展、技术进步，尤其是互联网时代形成的社会巨变，使近年来的社会变化比以往任何一个时期都巨大，这同样使中国的管理学在应对挑战的同时，获得了长足的进步。

管理学大师彼得·德鲁克曾言："管理是一种实践，其本质不在于'知'而在于'行'。"知行合一是管理学的本质特征。我始终认为，一个管理学者，不仅要"上得厅堂"，做的了"形而上"的学术研究，课堂上受到学生欢迎；同时也要"下得厨房"，针对社会现实问题，提出思想与对策，帮助各类组织解决实际问题，提升管理水平，改善运营效率。在复旦从教30多年来，我一直以此自勉，并将其视为自己的工作使命。正因如此，累并快乐着！

　　长期以来，我在繁忙的教学和研究之余，从一个管理学者的视角，或是因内在驱动，有感而发，看到问题，读到文献，抑或是在学术研究之时突然产生某种联想，会有所思，欲与言，有想写一些东西的冲动；或是外力推动，在各类媒体工作的朋友，当出现一些与管理相关的社会热点问题时，往往也会来积极约稿，促使我动笔成文。正因此内外两方面原因，几年来陆续积累了一些文字。如今集腋成裘，结集成册，供读者翻检并择而读之，同时亦可就教于方家。这些文章，在今天看来，虽其场景可能时过境迁，但蕴含的管理思想和丰富内涵却依然没有过时，对于当下的企业和其他组织管理同样具有借鉴意义。

　　本书中57篇文章共分为四个部分。

一、东方管理

　　主要是我长期以来研习和讲授中国式管理和东西方管理异同所产生的一些思考。管理学自从泰勒1911年出

自 序

版《科学管理原理》一书后,基本就是西方"一统天下"。但近年来管理学的发展呈现一个明显趋势,那就是开始打破长期以来西方管理学"一统天下"的局面。东方管理,尤其是中国情境下的管理理论和管理实践,正成为中外管理学家关注的热点。管理既是一门科学,又是一门艺术,作为科学,其有着具备一定普适性的理论与方法;作为一门艺术,可谓"管理无定法",在管理理论、方法的创建、应用及其效果检验中,每时每刻都体现出一种具体问题具体分析及灵活运用的创新之美。尤其是中国经济发展全世界瞩目,中国杰出企业家管理思想不容小觑。我主持的《改变世界——中国杰出企业家管理思想访谈录》大型研究项目,截至2019年5月,已经访谈了34位中国杰出企业家,访谈中这些杰出企业家所分享的管理思想富含哲理,精彩纷呈,且获得了企业长期发展效果的检验。中国的社会科学一定要能够解决中国的实际问题,才具有旺盛的生命力。如果总是跟在别人后面亦步亦趋,是没有出路的。

二、管理创新

管理学从建立迄今100多年,从来没有像今天这样有如此多的创新。从供应链管理到组织变革,从人力资源管理到互联网营销,新理论、新概念层出不穷,新思想、新方法迭代推出。时代巨变,管理学当然要应时而变。更何况当今"世界是平的",企业竞争已经是全世界范围、全经济领域的竞争,其程度之激烈,内容之复杂,领域之广泛前所未有,成功的企业都是"以不息为体,以日新为道",与时俱进。只有时时处处以创新思维引领管理学研究和企业管理实践,永远在创新的路上奔跑,才能帮助管理者获得新智慧,促进企业持续强盛。

三、品牌之道

品牌管理是我长期以来一直关注的领域,曾经一度还开设过这方面的课程,出版过多本专著和教材。中国企业长期不重视品牌创建,大量企业因为满足于做代工,长期处于"微笑曲线"底端,消耗大量资源赚点辛苦钱,对品牌缺乏重视。而今竞争环境发生巨大变化,中国企业靠拼资源、拼人力来获取竞争力的日子将一去不复返,低成本高消耗的加工优势正以前所未有的速度被取代。当今时代,企业要更多依靠研发和销售,以品牌力提升竞争力。中国企业从为品牌商承担外包制造(OEM),到作为外包的设计制造商(ODM),直至成为原始品牌制造商(OBM),还有很长的路要走。无论是上海提出的"打造四个品牌",还是全面提升中国企业的品牌意识和能力,这其中不仅是制造与设计能力的提升,更涉及全社会许多方面。如今,正如此部分中的一篇文章的题目那样——"中国品牌,让我欢喜让我忧"。我既为中国企业日益崛起的品牌意识而欣喜,又为其中不少急功近利的做法而担忧。中国企业品牌创建前程路漫漫，任重而道远。

四、文化制胜

由于我本人的教育背景，虽从事管理学教学数十年，但始终坚持以一种文化视角来看待商业竞争，我持续30年研究与讲授企业文化与竞争，之后又扩大到密切相关的企业伦理与社会责任领域。1986年我出版了第一本介绍和评述企业文化的著作——《中国企业文化的系统研究》。当年的博士论文也以此为题，并获得上海市社科出版基金资助。1996年我出版了第一本《管理伦理》。回眸当年的文字，其中论述难免稚嫩，而如今收入本书的一些文章，在当年的思考上更有深度和广度的拓展。套用伟人名言，我们可以说："没有文化的企业是愚蠢的企业，而愚蠢的企业是缺乏竞争力的"。如今企业文化在企业竞争中的作用已被众多的企业家所认识，但如何更好地将企业文化渗透于企业经营之中，对企业经济效益和社会效益产生切实作用，不少企业还有待于继续探索。

管理学以其实践性而成为一门"入世"之学。为此，我们要"深谙管理之道，精研管理之术"，而在实践层面，则是"运用之妙，存乎一心"。

值此改革开放40周年之际，作为中国改革开放的亲历者和受益者，谨将此书献给当代思想者和管理者，并作为互联网时代管理学"轻阅读"的一种尝试。如能对读者有所裨益,幸甚!

苏 勇

教授、博士、博导

复旦大学东方管理研究院院长

复旦大学管理学院企业管理系主任

2019年6月26日

目录 contents

| 东方管理 |

管理学——百年回眸与世纪展望　// 3

管理学本土化与东方管理学　// 17

金融危机下东西方管理思想的融合　// 30

巨变与赋能——互联网时代管理变革与创新　// 43

企业管理的"道"与"术"　// 55

拓展管理学研究新领域　// 59

中国管理学发展中的文化自信　// 64

中国文化传统影响企业文化的两面性　// 75

| 管理创新 |

"人单合一"内涵究竟是什么　// 81

"人口红利"失去之后中国企业的应对之策　// 85

从"时空之旅现象"看中国文化产业发展之路　// 91

脆弱的巨人:"泰坦尼克号"为何沉没　// 106

当 MBA 遇上读脸考勤仪　// 111

顶身股与人力资本　// 115

独辟蹊径——中小企业创新之路　// 118

管理学如何"本土化"　// 123

国企员工持股,想说爱你不容易　// 127

匠心与创新——读《匠人》《匠人精神》二书有感　// 132

科学、艺术还是技术——论管理的本质　// 137

扫码打赏服务员,你愿意吗　// 140

"赏樱热"带来的体验经济思考　// 144

随性而有创意——互联网时代的工作特点　// 150

永远从 0 到 1　// 154

勇于打破对西方管理学的迷思　// 160

怎样看待"新薪酬观"　// 163

只有不断学习,才能持续创新　// 167

中央首次为企业家发布文件透露出什么信号　// 174

互联网时代的企业家精神,是要看能否培养出更多
　企业家——张瑞敏的企业家精神新说　// 179

目 录

激活90后新生代员工潜能的十条建议 // 182

企业组织发展的期望 // 189

如何让员工从"我需要干"变成"我想要干" // 193

如何认识"独角兽"企业 // 196

从"砸冰箱"到"人单合一"的创业初心 // 201

┃品牌之道┃

"苹果"是否依然香甜 // 207

创建优秀的金融服务品牌 // 213

工匠精神的土壤，还缺些什么 // 226

国产大飞机，缺乏一个响亮品牌 // 234

老树如何发新枝——上海传统品牌创新的若干思考 // 237

麦当劳中国公司改名，需要那么轰动吗 // 243

企业发展要强大不要"虚胖" // 247

唯有不断创新方能永立潮头 // 251

文化产品的品牌塑造 // 257

营销伦理——商家急需补上的一课 // 261

中国品牌，让我欢喜让我忧 // 265

| 文化制胜 |

30亿元罚单彰显以法治促开放　// 271

好雇主的标准是什么　// 275

何谓契约，谁之责任　// 279

君子爱财取之有道　// 283

企业安居计划意味着什么　// 286

企业如何履行社会责任　// 290

如何遏制国企腐败　// 298

星巴克的"父母保险"　// 302

宜家"夺命柜子"的"商业伦理命门"　// 306

用优秀文化提升企业核心竞争力　// 311

中国企业文化与文化传统　// 325

重构商业伦理需要长期努力　// 330

做一个有原则的人　// 334

东方管理

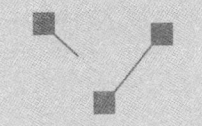

DONG FANG GUAN LI

管理学——百年回眸与世纪展望

管理学的发展，从 1911 年泰勒出版《科学管理原理》算来，已经走过了 108 年。纵观管理学发展史，虽远谈不上漫长，但在其伴随着工业和科技革命发展的绚丽过程中，也堪称波澜壮阔，内容浩瀚。经历了 100 多年的实践检验，管理发挥了巨大的作用并推动了人类的进步。在 21 世纪科技与文明高度发达的今天，我们回眸管理学的发展足迹，深刻认识管理学为人类社会发展和文明进步所产生的推动作用，可引发许多深层的思考。

一、管理学的百年历程

1874 年，有一位名叫弗雷德里克·温斯洛·泰勒（Frederick Winslow Taylor）的美国人，他原本已经通过了哈佛大学法学院的入学考试，却据说因为身体原因而没有进入哈佛大学学习，有点不可思议地转身进了一家工厂。这位从学徒做起并进而做到总工程师的美国人，以他自己对于工厂工作和管理的切身体会和经验，于 1911 年出版了一本在管理学发展史上具有开创性意义的著作《科学管理原理》（The Principles of Scientific Management）。泰勒以这本书为核心，建构起了他的"科学管理理论"。这本书的出版和"科学管理理论"的创建,不仅标志着"管理"这种人类在工作中的互动行为,从此由感性的反应而走向理性的思考与作为,同时也宣告了一门新的学科——管理学的诞生。泰勒也从此被尊称为"管理科学之父"。当代管理学大师彼得·德鲁克认为,泰勒的思想是"继联邦宪法之后,美国对西方思想所做出的最持久的一项贡献。"

从管理学的角度而言,泰勒最重要的贡献是创造性地把管理当作一门科学进行研究。泰勒自己在《科学管理原理》引言中宣告,他的意图是,揭示"可应用于各种人类活动——从最简单的个人行为到大型组织工作的科学管理的基本原理"。尽管泰勒自己认为:"科学管理不是任何效率策略,不是确保效率的任何措施,也不是任何效率策略的组合,"强调它带给人们的是一场"心理革命",是对管理活动认识的改变,但大多数学者仍认为,尽管泰勒是从引导工人了解努力工作和提高效率给自己带来的好处出发,但他的管理理论没有脱离提高管理效率这个根本点,这也反映了管理学的基本出发点。泰勒的管理理论体系,主要还是基于对员工工作过程的多视角审视和分析,研究工人行为过程的科学性和合理性,通过科学研究提出一整套方法,从而提高工人的工作效率。而且泰勒科学管理理论所谓从关心工人角度出发,主要也是以经济手段诱导工人,让工人了解如果采用他的这一套管理和工作方法,就能够增加收入,给自己带来经济上的好处。从泰勒的整个理论体系来看,他并没有能很好区分管理物品和管理人员的区别,这也是长期以来人们将泰勒科学管理理论理解为一种单纯的"效率至上主义"的原因。泰勒方法的缺陷在于以一种"精巧的机制"或制度取代了对人的领导艺术。英国管理史专家斯图尔特·克雷纳先生所著《管理百年》一书,就将泰勒形容为"使用秒表的文艺复兴式人物"。

对于"科学管理理论",尽管百年来一直不断有人质疑,但作为管理学的奠基之作,《科学管理原理》一书的光辉却闪耀至今。科学管理理论也成为人类历史上第一个国际化的管理理论。

有研究者认为,自从泰勒开创了管理学以来,迄今为止整个管理学的百年发展史可以分为四个阶段:一是以泰勒的"科学管理理论"为代表的科学管理阶段;二是人际关系与行为科学理论阶段;三是管理理论的百花齐放,即"管理丛林"阶段。四是以企业文化理论、学习型组织理论等为标志的"软管理阶段"。这四个阶段的划分虽可商榷,但基本反映了百年管理,从"以物为本"到"以人为本"的基本路径。在"科学管理阶段",管理理论的着重点主要就放在通过对工人动作、行为的规范,以科学的手段、科学的工具、科学的方法来提高劳动效率,更使得组织管理活动有章可循。这一时期管理理论的建立,使得管理行为从感性走向理性,从定性走向定量,为管理学成为一门科学而"登堂入室"奠定了良好的基础。

管理学发展史上的"人际关系和行为科学理论"阶段，被管理思想史学家丹尼尔·A.雷恩称之为"社会人时代"。这一阶段的特点更多地反映了当时涌现出的一种管理哲学，更偏重于对管理行为本质的思考，而不是为了建立管理行为所遵循的标准。在这一阶段中，值得我们重视的无疑就是"霍桑实验"的研究成果。雷恩在他所著的《管理思想史》（第五版）中谈道："在管理学历史上，没有任何一项研究能够像美国西方电器公司霍桑工厂里进行的研究那样，获得如此多的注意，人们对此做过各种不同的解释，它在获得广泛赞誉的同时，也受到严厉的批评"。这个阶段的管理学理论，将工作场所视为一个社会系统。管理者为追求效率使用的技术手段以及经济回报，都应该与组织中对人的关心相联系。员工们既有物质需求，也具有社会需求。这些社会需求始终存在于他们和同事以及企业组织中其他人进行交往的过程中。在企业具体工作环境中的各种事件和物体，不能被当作独立的事物来对待，而必须被理解为社会价值的载体。在这一理论中，"非正式组织"观点的提出可谓是一个重点。人际关系和行为科学理论认为：一方面企业中有正式组织及其规则、秩序和工资制度的存在，另一方面又有非正式组织及作为其基础的各种情绪和人际互动的存在，这就给管理带来了问题。非正式组织不应被视为产生不良影响的一种人际交往方式，而应被视为正式组织的一个必要的、彼此依赖的重要方面。管理者必须在确保经济目标的同时,维持社会组织的平衡,并且使个体通过为这一共同目标贡献力量,获得使他们愿意合作的个人满足。

而随后的"管理丛林"阶段,各种管理理论纷呈,犹如密密的丛林。1959年,两份有关商业教育的研究报告出现,对管理学具有深远的影响。美国加利福尼亚大学伯克利分校的罗伯特·A.戈登(Robert A.Gordon)和斯坦福大学的詹姆斯·E.豪厄尔(James E.Howell)各自撰写了一份研究报告,提出了管理研究方法的多样性。这等于是为各种管理理论的百花齐放吹响了前奏。而具体描述这种多样性并为它贴上"管理理论的丛林"这一颇为生动的标签的是美国管理学家哈罗德·孔茨(Harold Koontz)。他在《管理理论的丛林》一文中,提出了当时所存在的管理思想的六大学派,即管理过程学派、经验主义学派、人类行为学派、社会系统学派、决策理论学派、数理学派。孔茨认为,每个学派都对管理理论做出了一定的贡献,但是管理学者不应该把内容与方法相混淆,管理情境过于复杂,因此各学派间难免发生一些"丛林战",但随着某些管理术语被确定,对管理原理的逐渐认同,管理的"丛林"能够得以清理。

产生于20世纪80年代以"企业文化理论""学习型组织理论"等为代表的"软管理阶段",则是与当代社会特点变化密切相关的。随着计算机科学的发展、互联网兴起和知识经济的产生,人力资本在企业竞争中的作用日益凸现,在这种社会状态下，任何一个企业中人的作用越来越重要，而由于社会分工日益精细，专业知识日益精深，组织成员中彼此之间的密切合作和互相信任的作用日益凸显。知识共享、模块化生产、文化力制胜等概念相继被提出，管理学科的发展趋势也从注重有形的物质和显性的组织状态，转向更注重于无形的文化氛围、组织框架内的成员学习以及更深层次的价值观塑造等。这一管理学从"硬"到"软"的发展趋势，契合了当今组织管理更趋向于扁平化，更注重企业成员之间的互动和知识共享的趋势，在实践中被证明是行之有效的。

二、管理学的社会贡献

无论中外，管理实践古已有之，但对管理知识体系的正式研究却仅百年。管理学的历史虽然远称不上漫长，却给人一种波澜壮阔、博大精深的浩瀚感觉。涌现出了绚丽斑斓的思想流派和众多的风流人物。作为一门相对年轻的学问，管理学自从其诞生，便为人类社会的进步，为经济发展和各类组织的壮大做出了不可替代的贡献。

对于管理学为社会所做出的贡献，《财富》杂志曾经有一段话来概括："工业化属于19世纪，而管理属于20世纪。在1900年，管理尚未为人所识；现在，它已然成为人类文明的中心活动。大量受过良好教育的人从事管理工作，它决定了我们经济进步的步伐和质量，决定了我们政府服务的有效性，决定了我们的国防力量。我们进行'管理'的方式，我们影响组织的方式，影响着并反映出我们社会的形成过程。"过去的100年见证了管理活动形成的过程，管理成为一种职业，成为一门学问，建立起一个学科。管理从一种不可言传的、非正式的、临时性的活动，发展成为一种可以从所有可能的角度，利用各种知识来进行规范分析和评论的活动，成为社会经济和个人生活的一种重要推动力量。

管理学为社会的贡献，主要体现在以下几个方面。

1. 提升各类组织的运作效率

虽然，组织的形式早已有之，从希腊人、罗马人、我国春秋战国时期的军队直至今天的公司首席执行官，在人类进步的每一个阶段，作为一种社会性的动物，人们总是要考虑如何以最佳形式将自己组织起来，并根据组织目标的不同来提升组织运作的绩效。但是作为一种将众多人群集合在一起的形式，组织的正式成型并有效提升运作效率是从管理学诞生以后才开始的。无论是泰勒从效率角度的体系建构，被管理学收纳进来的德国社会学家马克斯·韦伯的组织理论，还是曾经担任过新泽西贝尔公司总裁的巴纳德将组织明确定义为"两个或两个以上的人员自觉协调行为力量的系统"，人们提出了一系列与组织相关的理论。直至曾经担任过通用汽车公司总裁的斯隆具有创新性意义的"事业部制"组织系统，以及当今风靡的学习型组织理论等，无不将组织作为具体的研究对象，致力于提升组织运作的效率。而一个组织，无论是经济组织或是社会组织,作为社会的一个细胞,其运作越有效率,对组织和社会所拥有的资源利用便越充分。就像管理学大师德鲁克所言:"没有机构(如工商企业),就不会有管理。但是如果没有管理,那也就只会有一群乌合之众,而不会有机构。而机构本身又是社会的一个器官,他之所以存在,只是为了给社会、经济和个人提供所需的成果。"

2. 推动企业的发展

当今的管理学,几乎成为经济管理和企业管理的同等名词。以至于谈到公共管理和其他方面的管理时,都要在前面加以前缀。由此可见,管理学最初设计源于对企业组织的研究,而且主要的研究内容也是关于企业的发展和力量的体现。从泰勒创建管理学以来,管理学理论获得了蓬勃的发展,可以毫不夸张地说,管理学迄今已成为一门显学,获得了前所未有的重视。众多高学历、高智商的精英人才,都纷纷投身于企业管理工作中,运用管理学的知识和理论,来推动企业的管理实践。伴随着工业革命的发展和社会的进步,各类企业在管理学理论的直接指导和推动下,呈现出蓬勃发展的态势。以中国经济而言,虽然我们改革开放之前,由于受到各种因素的影响,管理学不被承认,未成为一门单独学科,但在改革开放以后的30多年,管理学的研究和实践队伍迅速壮大,企业的能力也有了迅速增长。据统计,当前中国经济总量跃居世界第二,其中企业贡献无疑是最主要的力量。诚如朱镕基前总理在《管理科学兴国之道》一文中所说，"我国国有企业的改革和发展，没有轻巧的道路可走，只有老老实实地研究改善经营管理，建立一套现代企业管理制度才行。没有现代财务、成本、质量管理和科学决策制度，就不能搞现代市场经济"。

3. 有效推动了组织成员的观念变化

这主要是指企业等经济组织成员的观念变化。在管理学诞生之前，员工在组织内应该如何工作、彼此之间如何密切合作、如何尽可能地最大利用组织所拥有的内外部资源、管理者应该如何对待员工、企业应如何对待外部顾客和所在的社区，这些问题并没有得到很有效的研究。而随着大工业生产发展和社会进步，这些问题日益凸现，成为困扰企业组织发展的主要障碍。而在管理实践基础上诞生的管理学，通过不断从实践中总结问题，在理论上加以研究，对这些问题逐一提出解决方案：例如企业组织成员究竟是经济人、社会人，还是自我实现人；在组织内如何构建高效运作的团队，建立良好的团队精神和企业文化；企业应高度重视消费者感受，通过不断创新技术和产品，来很好满足消费者日益增长的需求，在和消费者的互动中提升企业自身能力，获取合适的利润。企业同时应很好履行自己的社会责任，为所在社区和社会的和谐发展贡献自己的力量等。在百年管理学的发展中，这些问题不断地在企业实践中反映出来，又在管理学研究中获得答案，不仅推动了组织管理者和其他成员的观念变化，而且也使得组织日益健全，适应企业的发展需要，适应社会的发展需要，与此同时，管理学自身也获得了很大的发展。

4. 使世界上所有经济组织采用一个话语系统

这一点在当今经济全球化的环境下尤其重要。当今世界，经济全球化已成为普遍趋势，由于科学技术的进步和信息传递的便捷，世界变得越来越平，所谓"蝴蝶效应"已日益明显和频繁地出现在我们的经济社会生活中。跨国间的投资、企业间的并购已成为常态的经济活动，在这些常态的经济活动中，交易双方是否使用同一个话语系统，不仅关乎活动的成功与否，而且直接影响双方组织的绩效。管理学的建立，使经济组织和其他组织在跨国跨文化的情境下，采用同一个话语体系，不仅有效提升了双方沟通效率，而且使得跨国公司的管理、跨文化管理同样成为一种高效的管理活动，从全球化角度有效地提升了社会发展水平。

三、管理学的未来展望

回首百年，管理学从无到有、从局部到全面、从西方到东方都获得了辉煌的发展，为社会发展做出了应有贡献。但是我们也应该看到，百年来的管理学发展，还存在着不足之处。

展望下一个百年，无论是实践需要还是理论发展，我们提出如下期盼。

1. 理论建构的系统化

管理学是一门实践性很强的学科，其所有理论都是基于管理实践中产生的问题，呈现出一种问题导向的态势。这虽然在理论联系实际上表现特点突出，也能够及时为管理活动的实践者提供理论指导，解决实际问题，但是就理论系统自身而言，组织管理的微观系统研究较多，而组织宏观层面的管理理论相对比较薄弱。而目前社会形势复杂多变，价值系统日益多元，企业的不确定性日益增强，企业中的许多管理问题并不局限于某一个时间点，很难用企业管理中的某一单项理论如营销管理或行为管理理论加以解决。这就对管理学的理论建构提出了更加系统化的要求，要求理论工作者提供更加综合性、全方位的理论体系，来解决企业管理中日益复杂的现实问题。

2. 研究手段的多视角与多样性

当前的管理学研究，主要都是采用定量分析的方法，利用问卷等手段来收集数据进行统计分析，得出研究结果。这固然体现了管理学的科学性，具有一定的说服力。但其中存在一个重要问题：管理最主要的对象是人而不是物，同样的物体具有共性，可以测量、可以计算，而人与人则各不相同。正如德国诗人歌德所言："世界上没有两片相同的树叶",世界上也没有两个相同的人,而且人有复杂的心理活动和不同时段的情绪,拿一个统一的问卷去测那么复杂的人,即便有一定的样本量,所获得的数据同样存在很多问题,即便手段看上去比较科学,但其结果却未必科学。已经有许多学者坦言,拿一个问卷去测同样背景的被试者,即便把其他变量都控制住,仍然会得出大相径庭的结果。而且就像德鲁克所言,"管理学科是把管理当作一门真正的综合艺术",如果我们是把管理当作一门艺术来看待的话,单纯用一种数量化工具去进行测量,自然很难得出令人信服的结果。所以当管理学发展历经百年之际,我们有必要对管理学研究方法进行重新反思,一方面对现有管理学研究方法进行重新思考和设计,注重研究手段的多视角与多样性,另一方面借用当代先进科学技术和其他学科的最新理论成果,对管理学的研究方法和手段进行有效创新,在管理学的第二个百年,在方法论上取得突破性进展。

3. 将关注目光更多转向东方和中国

有学者戏言,目前管理学研究的整个范式是:运用美国人发明的理论,去研究美国人感兴趣的问题,用美国人的语言,写出符合美国人评价标准的论文,在美国的杂志上发表。此话虽然稍显绝对,却也一针见血,指出了现在管理学,尤其是中国管理学界在学术研究上的"一面倒"倾向。目前,从主流管理学文献(基本上是基于北美,特别是美国的文献）中套用已有的理论、构念和方法在中国进行演绎性研究，主导了中国管理学研究领域，这导致詹姆斯·马奇（James March）所认为的组织研究的"趋同化"。管理学界这种西方崇拜的现象，有其一定的生长环境和客观因素。当今世界，美国是经济和科技最发达的国家。无论哪一个行业，美国都有一些企业居于世界领先地位。而管理学是一门实践性很强的学科，企业管理的所有工作，都是为了提高企业经营管理的效率，使企业获得更强的竞争能力和更快的发展速度，为社会创造更多的物质财富。因此，美国企业发展壮大的结果，无疑向人们昭示了美国学者提出的各种管理学理论所具有的魅力。而美国和西方的管理学研究者，基于西方企业的实践基础，运用科学规范的研究方法和丰富多彩的企业案例，不断创造出一个又一个管理学新思想、新理论，发展为一整套管理学理论体系，使得发展中国家的管理学研究者和实践者争相学习。但不可否认的是，在不少情况下也变得有些"食洋不化"。虽然目前中国社会科学的国际学术地位不高，中国还不是社会科学的学术生产中心，但局面正在扭转。改革开放40年来，中国经济获得了巨大发展，中国企业正在快步成长，中国的GDP总量已跃居世界第二，这都从一个侧面证明了中国管理实践的成功。在中国的香港和台湾，同样诞生了一大批优秀的企业，其中有不少成功的经验，这为管理学视角下国际学术话语体系的中国化提供了广袤和肥沃的土壤。同样的情况也发生在印度、新加坡、韩

管理有道

国等东方国家，这些国家许多优秀企业的成功经验，同样值得管理学界去认真探索和研究。如果说在管理学的第一个百年，研究者所关注的重点基本都在西方，那么在管理学的下一个百年，基于东方新兴国家的经济发展和企业成长，有必要提出管理学应将关注目光更多转向东方，以丰富管理学的理论体系，同时也使东西方管理理论更好地兼容并蓄。管理学科发展需要多视角的研究，管理学的发展，诚如生物的多样性一样，只有打破西方管理学理论一统天下的局面，才能获得健康成长。

管理只有恒久的问题，没有终结的答案。在纪念《科学管理原理》问世100周年，回顾管理学百年来的成长历程时，我们相信管理学必将和其他社会科学一样，迎来更加辉煌的明天！

管理学本土化与东方管理学

一、中国"管理学本土化"问题的提出

当前是中国管理学研究的黄金时期。一方面,改革开放40年,中国的管理学者通过走出去、引进来,对于西方管理学理论从知之甚少到全面了解,从囫囵吞枣到批判吸收,从盲目崇拜到正确运用,而且开始在国际一流期刊发表论文,为世界管理学界贡献中国智慧。另一方面,中国涌现出了一批优秀企业和企业家,在世界经济舞台上具有杰出表现,使得管理学界认识到中国企业管理具有自己的独特模式,开始高度关注中国企业管理的独到之处。我国的管理科学正处于从追随、模仿走向自主创新的关键时期,创建并繁荣中国特色的管理学,是中国管理学者的历史使命,也是管理学科研工作者义不容辞的责任。

管理学大师彼得·德鲁克对于管理问题曾经有过一段精辟论述:"管理是关于人类的管理,其任务就是使人与人之间能够协调配合,扬长避短,实现最大的集体效益……因为管理涉及人们在共同事业中的整合问题,所以它是被深深地植根于文化之中。管理者所做的工作内容都是完全一样

的，但是他们的工作方式却千差万别。因此，发展中国家的管理者所面临的一个基本挑战就是，如何发现和确定本国的传统、历史与文化中哪些内容可以用来构建管理，确定管理方式。"

随着中国经济的快速发展以及经济全球化背景下中国企业竞争力的不断增强，学术界和实业界日益重视并鼓励在中国背景下进行本土化管理研究，不少学者也为此做出了各种努力，在解决实际管理问题的过程中发展管理理论，深入而广泛地进行符合中国国情的管理学探讨。长期以来，我国学者在促进管理学本土化进程中，一直在不断努力和摸索。复旦大学东方管理研究中心从1997年起便每年召开"东方管理学研讨会"，并多次在日本、韩国、德国以及在中国上海等地由世界管理学联盟（IFSAM）主持召开的"世界管理学大会"上，呼吁要创建基于东方文化的东方管理学和中国管理学，获得了中外学者的积极回应。在2018年于上海浦东召开的"世界管理学大会"上，几乎每一位学者都在不同程度上谈到如何创建有中国特色的管理学问题。

管理学本土化的研究，在理论上有其必要性，即随着中国经济的高速发展，中国企业管理中涌现出的各种新问题新情况，对于长期以来处于西方管理学绝对话语权语境下的管理学提出挑战，管理学理论体系迫切需要创新。而且，管理学由于其所处的社会情境和其社会科学的特点，绝对不能离开特定场景，即便是经反复验证的原理、方法、管理技术，也有应用场景、程度、管理主客体变化而产生理论的适用性问题。而在实践上，基于文化情境的差异，在东西方不同的文化情境下，在中国企业走出去，外国企业走进来，全球经济更趋一体化的今天，中国企业也迫切需要更贴近中国实际的管理学理论指导。因此，海内外中国学者都意识到建立具有中国特色的管理学体系和推进"管理学本土化"进程的必要性和紧迫性。

二、什么是中国"管理学本土化"

就现有管理学界情况而言，还难以有效分析东方背景下各类人群的心理与行为，自然也难以有效解决我国企业管理中存在的问题。在这种情况下，我们必须从外衍性管理学向本土化管理学迈进。

1986年，国际学术界出现了Indigenization一词，意即"本土化"。有学者将"本土化"分为两种，即内生性本土化（Endogenous Indigenization）与外衍性本土化（Exogenous Indigenization）。前者是一种发自于内的本土化，其动力是内在的自发性要求；后者是一种发自于外的本土化，是受外力推动的本土化进程。所谓"本土化"，实际上就是一种基于现有理论框架、所研究对象具有本土特色的具体化内容，包括最高程度的情境化研究，或者是从特殊情境下的现象中总结出新的理论。本土化研究关注本土情境下的新问题，或者现有理论框架下未被关注的本土情境下的熟悉问题。

管理学在中国的发展，与改革开放同步，走过了 40 年发展历程。在这一过程中，主要偏重于学习和运用西方管理学的理论、概念、方法与工具，进而对我国的各种管理现象进行诠释。在西方管理学界强势的话语权威下，非西方国家学者的研究观念与方式受到严重局限，极难进入主流。当今世界管理学界，只有美欧的管理学才算得上是本土管理学，也就是内生性管理学，非西方国家照搬美欧的理论、概念、方法与工具的管理学，其实质是一种外衍性管理学，并非本土管理学。我们应该清楚认识到，这种外衍性管理学所提供的知识，与中国的社会、文化、历史、生活、人的心理状况及企业管理实践存在脱节现象。现有的管理学难以有效分析东方背景下各类人群的心理与行为，自然也难以有效解决我国企业管理中存在的问题。在这种情况下，为了更好地促进我国经济发展，推动企业管理水平提升，我们必须从外衍性管理学向本土化管理学迈进。

"管理学本土化"，是指在当今的管理学研究中，在不忽略西方管理学方法的前提下，避免不加批判、食洋不化地套用国外的理论、概念、方法及工具，并且从本国的管理现实出发，逐渐建立起中国本土的管理学理论及相关方法，使管理科学能更符合中国的社会现实、文化和历史传统，并更好地指导我国的管理实践。

中国"管理学本土化"的研究主体包括管理学者和管理

活动实践者。获得管理真实性的最好途径，是研究者一定程度地参与到组织流程中。简单的、"蜻蜓点水"式的调查在获得组织真实性方面不可能有效，因为这一过程会在一定程度上遭到破坏，也因为研究者同组织接触的深度有限而受到一定限制。

　　管理研究的实质要求管理实践者和管理学研究者两方面都要付出创造性劳动。管理实践者群体需要认识到，"行"胜于"知"，他们所做的一切要比他们经常强调的具有更大价值。同样，管理研究者群体也要认识到，纯科学模式在管理领域并不适用，因为管理研究的核心是对实践的理解、诠释和凝练，管理研究来源于现实生活中的实践活动，在相当程度上，管理学理论是针对某种情境的局部性理论，而只有少量经过长期和大量实践检验的理论，才能成为某种普适性理论。

　　科学的本质是为了创造出关于研究对象新的规律性知识，以解释和预测研究对象所不断生发出来的新现象，而不是推广某一具体理论或者学科。如果一项研究仅仅解释现象而不能预测趋势，这个研究很可能仅仅停留在讲故事的层面；而如果一项研究不能解释现象而只是做预测，这个研究最多不过是运用科学研究的结果而不是推进科学研究。一般来讲，由于社会活动的复杂性和不确定性因素如此之多，社会科学理论和自然科学理论相比，其预测成功的概率没有那么高，其所运用的模型可能会帮助我们识别个人或群体面临的各种不同选择，但预测出他们将来采取哪种选择的概率都很低。

对于实证研究，胡适先生曾提出要"大胆假设，小心求证"，然而，反观当今中国管理学界的一些实证研究，并没有把"小心求证"作为实证研究的精华而给予足够重视。实证研究是一个内涵很丰富的概念，不应该片面局限于问卷调查和统计。在某种情况下，基于行为介入和非行为介入研究之间的真正区别是研究者在说明结果时所作的选择，而不是研究方案自身。人们在不同的研究方案、资料收集或分析方法的细节中可以察觉到，真正实质性的差别来自研究者的意图，而不是来自研究方案或调查现象的性质。研究者所采取的解决问题的途径（如数据的采集和具体方法的运用等）都会对研究结论产生重要影响。中国"管理学本土化"的发展应该避免强调任何一种研究方法而排斥其他研究方法的尝试。

三、中国"管理学本土化"研究所面临的问题

目前的中国管理学界有一种倾向，大多数学者在做管理学研究时，仅仅追求统计数字的匹配，仅仅追求模型的完美，仅仅追求对最新统计软件的运用，而往往忽略了问题背后的意义，忽略了数据背后的事实，忽略了现象背后应该凝练的观点。

中国"管理学本土化"研究已经探索多年，有长足进步，但不可否认也存在诸多问题。

1. 研究者对中华文化的认识不足

要真正进行中国"管理学本土化"研究，基本前提就是要对中华文化有充分认识，包括对中华传统文化以及当代文化的认识。没有对中华文化的基本认识，就谈不上研究本土化管理，因为本土化并非生硬地将西方的东西借过来或搬过来，而是对中国文化的价值在管理领域有基本的内化。目前中国的管理学院开设中华文化相关课程的实属凤毛麟角，只有很少一部分院校与学者认识到中华文化与人文传统对管理学科各类学生的重要性。在"管理学本土化"发展进程中，迫切需要从文化层面的高度认识诸多管理中的现象，找到其文化根源，为理论指导建立相应的深度和正确视角。

2. 研究者对研究方法的意义认识不足

要真正进行中国"管理学本土化"研究，研究者需要有扎实基本功。这种研究能力不单是定性和定量的分析能力，同时也包括了研究者对文献的分析能力、对概念的界定能力以及对命题的建立能力等。开展中国"管理学本土化"研究，需要研究者掌握很强的质化和量化的研究方法。但是，现在大多数学者并没有将质化和量化的方法一起应用于"管理学本土化"研究。如果在做研究时，仅仅追求统计数字的匹配和模型的完美，却忽略了研究的本来目的，忽略问题背后的意义和数据背后的事实，就很难真正解决实际中的问题。现在的不少论文，论证过程似乎很漂亮，但是到最后讨论和结论时却寥寥数语，匆匆带过，似乎"一切尽在不言中"，便是一例。

3. 研究者倾向于从理论出发而不是从解决管理现实问题出发

一些研究者在寻找研究题目时总是唯国外最新期刊"马首是瞻"，不管其是否符合中国的基本国情，就一头扎进去。许多研究是沿用外国的理论模式，将外国的测量工具译成本国文字，以本国受试者为研究对象，从事"复制型"的学术研究。这种研究看似以中国为样本，但实际是为了检验西方管理理论在中国是否适用，对中国的"管理学本土化"建设意义不大。要真正开展中国"管理学本土化"研究，研究者需要从中国的社会现实出发，深刻思考中国企业在各种活动中出现的问题背后的深层次原因，并尝试建构其中国管理的构念，并加以分析和论证，从理论上找出解决方案。

4. 研究者存在急功近利倾向

中国"管理学本土化"研究是一项艰苦且高难度的工作。尤其是在建立符合中国管理活动现实的理论和概念时，必须运用包括质性和量化多种方法才能对问题加以深刻认识。而且，由于质性研究不像量化研究那样有明确的程序与路径可循，开始做时难免头绪纷繁，所获得的材料比较庞杂，分析材料比较费时。而且最后论文的写作技巧，也影响研究成果的质量和呈现，这对于部分习惯量化研究、习惯逻辑实证研究的研究者而言，困难很大。这种情况的出现，使一些研究者放弃进行真正意义上的中国"管理学本土化"研究，而去做一些研究路径比较固定、研究范式较为清晰、发表论文较为快捷、同时更能获得国际期刊编辑青睐的研究题目。这其实就是真正意义上的中国"管理学本土化"理论建构如此之少的原因之一。

四、中国"管理学本土化"研究展望及"东方管理学"构想

既然管理是一门科学又是一门艺术，那么，我们更有必要从东方文化价值体系出发来研究各种管理活动的适用性和有效性，为东方管理学构建实践的基础。中国的管理学研究，必须改变下列现象，即：运用美国人发明的理论，去研究美国人感兴趣的问题，用美国人的语言，写出符合美国人评价标准的论文，在美国杂志上发表。实践证明，过去被我们奉为经典、管理学各专业教师在课堂上几乎都用来作为成功案例从各个角度反复推介的西方企业，如美国通用汽车公司、美林证券、花旗银行等曾经有着耀人光环的公司，在前次金融危机中都纷纷落马，有的甚至面临破产，这也给我们敲响了警钟。这些名声如雷贯耳的企业，无不是完全按照所谓西方最标准、最经典的管理学理论来进行管理的，被认为是西方企业的样板，其管理模式曾经被全球众多企业争相仿效。但如今这些公司遭受灭顶之灾的现实，也非常清晰地证

明：西方管理学理论并非完美无缺，并不能解决企业经营管理中的所有问题。

2006年起，国务院发展研究中心、中国企业联合会和清华大学联合主持了《中国式管理科学基础研究》的研究项目，这一研究的目的，是对中国成功企业管理实践进行总结和理论提升，研究其成功之道，推动中国企业管理的创新，并为当代管理学理论的发展贡献新知。该研究对中国企业成功之道所提出的第一点发现，就是"中"的管理思想，就是实用理性的辩证智慧。该研究发现，中国传统管理思想的精神，通过社会文化而嵌入，历久弥新，深入今天的中国企业家内心深处，直接影响着他们的决策方式和思维框架。

因此，实践证明，当代管理学必然不可能是西方一元的，而是多元的。而直接和西方管理学相对应的，自然就是东方管理学。东方管理学的研究对象是什么？可以用一句话概括，即具有东方文化特点、社会特点的管理活动，以及在此基础上提炼形成的管理理论。具体而言，主要包括以下内容：

1. 用东方社会文化视角分析现有的管理学理论

按照目前管理学中约定俗成的说法，这里的管理学理论是指自泰勒"科学管理理论"问世以来的所有西方管理学理论。这些理论虽然经过了西方社会发展过程的筛选和西方企业管理实践的检验，被证明有着较高的科学性和实践效果，理论的表现形式也较为完善，但是用东方社会文化视角来加以分析，这些理论本身的科学性和规范性、严密性还需要进一步加以研究。

2. 探讨现有西方管理学理论在东方社会和企业中的应用效果

东西方管理学并非互相排斥。但即使西方管理学理论在西方企业中的应用收到了良好效果，其是否具有普适性，是否能很好地被吸收到东方管理学体系中来，成为东方管理学中的有机组成部分，仍然是有待研究的问题。这也正是东方管理学研究中的重要部分。

3. 研究东方国家企业管理活动的特点和规律

当前管理学界已有这方面的不少研究成果。早在"东方管理学"这一概念提出之前，就有学者针对日本企业的管理方式，概括出日本企业的一些管理特点。也有学者根据对海外华商的研究，提出华商在经营中注重"亲缘、地缘、神缘、业缘、文缘"的"五缘文化"管理模式。这些规律、特点和模式的概括，虽然还可能略显粗糙，有的也未完全形成严密的理论体系，但都在某种程度上提出了东方国家企业管理活动的特点和规律，为东方管理学理论体系的形成做了十分必要的前期工作。下一步的研究，主要就是用规范科学的方法将其理论化。

4. 研究东方文化价值体系下对管理活动的认知和判断

管理活动无论是内部的人力资源、组织行为、质量控制、运营管理，还是外部的投融资、营销管理，东西方文化因为价值体系的不同，不同文化背景的企业经营管理者对于同样的管理活动和行为可能会有不同的认知和判断。而管理的实践效果，取决于管理者的实践创造和被管理者的接受程度。处于东方文化背景和社会环境下的管理者和被管理者，对于这些管理活动的认知，将直接影响管理的成效和企业的发展。而作为管理学研究者来说，既然我们认为管理是一门科学又是一门艺术，那么，我们更有必要从东方文化价值体系出发来研究各种管理活动的适用性和有效性，为东方管理学构建实践的基础。

5. 研究东西方管理思想和理论的异同和融合

东西方管理思想并非截然不同。作为人类共同的文化成果，东西方管理思想和理论很可能你中有我，我中有你。在当今经济全球化现象日益突出的情况下，管理思想和理论同样存在着某种共同性。在东方管理学研究中，通过比较分析的方法，认真分析研究东西方管理理论的异同，探索东西方管理理论的融合之道，是东方管理学研究不可或缺的重要部分。

6. 建构东方管理学理论体系

西方管理学自"管理学之父"泰勒提出"科学管理理

论"迄今，约有百年的历史，构建了较为完整、系统的管理学体系，形成了一整套管理学科的框架、学说、研究方法和评价体系。而东方各国由于市场经济发展的时间普遍不长，规范意义上的企业历史大多也较短，因而至今为止还未能形成一套理论系统、逻辑严密、行之有效的管理学体系，许多东方企业至今还停留在经验管理阶段，即便是采用西方管理学的一些理论和方法，许多也不完全适用。在当前情境下，建构东方管理学的理论体系，无论是从管理学科全面发展的角度，还是从东方企业管理实践需要的角度，都十分迫切。目前，已有一些学者在这方面做了不少有益的探索，如复旦大学苏东水教授等提出"以人为本、以德为先、人为为人"的东方管理核心思想，西安交通大学席酉民教授等提出的"和谐管理"理论体系，美国夏威夷大学成中英教授提出的"C理论"等，都已有一些研究成果问世。但这些研究对于建构东方管理学的理论体系而言还远远不够，因此有待更多学者的参与和努力。

管理学科的繁荣需要多视角的研究。管理学的发展，诚如生物多样性那样，只有打破西方管理学理论一统天下的局面，才能获得健康成长。正在成长中的中国企业经历40多年改革开放历程，也迫切需要更加契合中国企业实际的管理学理论引领。我们要以更加科学和实事求是的态度，来认真思考和探讨东西方管理思想的融合，建构更适合中国和东方社会经济、东方企业发展的管理学体系。

金融危机下东西方管理思想的融合

波及全球的金融危机虽然已经过去，但在这惊涛骇浪过后稍显平静的态势下，我们不妨静下心来，认真从管理学发展和成长的角度来思考一下相关问题。

一、管理学界的西方崇拜

当代社会，文化领域的话语权在很多情况下都是和经济发展状况密切相关的。经济发达国家由于在许多方面具有领先地位，因而其学术文化领域的话语权也就相应强大。不仅自然科学如此，社会科学也是如此，而作为与经济增长及企业发展息息相关的管理学领域则更是如此。当前，整个管理学科的认知体系和评价系统，无不唯美国"马首是瞻"：学管理学、读MBA，首选美国大学；海归教师，美国回来的国内出价最高；国内教师或研究人员在美国管理学杂志上发表一篇论文，考核时往往抵过在国内刊物上发表10篇甚至数十篇。一些美国教授来国内作管理学方面讲座，一张听讲门票的价格动辄上万……

管理学界的这种西方崇拜的现象，在某种程度上已经演变为美国崇拜，自然有其一定的生长环境和客观因素。当今世界，美国是经济和科技最发达的国家。无论哪一个行业，美国都有一些企业居于行业或世界领先地位，无论在技术上或是效率上都走在其他国家企业的前列。而管理学是一门实践性很强的学科，就如美国管理学大师德鲁克所言，"管理是一种实践，其'本质'不在于'知'而在于'行'，其验证不在于逻辑，而在于成果，其唯一权威就是成就"。企业管理的所有工作，都是为了提高企业经营管理的效率，使企业获得更强的竞争能力和更快的发展速度，为社会创造更多的物质财富。因此，美国企业发展壮大的结果，无疑向人们昭示了美国学者提出的各种管理学理论所具有的魅力。而美国和西方的管理学研究者，基于西方企业的实践基础，运用科学规范的研究方法和丰富多彩的企业案例，不断创造出一个又一个管理学新思想、新理论，发展成为一整套管理学的理论体系，使得发展中国家的管理学研究者和实践者争相学习，趋之若鹜。当然不可否认的是，在不少情况下也变得多少有些食洋不化。

二、管理也是种文化积累

究其本质，管理不仅是一种科学，也是一种文化的反映。就管理学的科学性质而言，它是经过学术研究而产生的科学成果，有着可以忽略应用情景而放之四海而皆准的普适性的内涵。从这一意义而言，西方管理学的很多理论都可以运用于中国的企业管理和其他管理领域，西方学者所发明的很多管理方法和工具也可以用在中国企业的管理实践中。但是，管理除了有其科学属性，同样还具有文化属性。管理不仅是一种科学，同时也是一种文化。

管理的文化属性主要表现在两个方面。首先，管理是一种文化的积累，任何一个国家、任何一个组织的管理理论和管理方式，都不是凭空产生的，它都有一个文化延续和发展的过程。当今的任何一种管理思想都是以前文化成果的积淀。其次，现实组织中所采用的任何管理方法或手段，无不受到该组织所赖以存在的社会文化的影响，打上深刻的社会文化烙印。任何再好的管理思想和方法，只有在适合它的社会和文化环境中，才能发挥有效的作用。这是因为，任何一个组织，都是社会的一个细胞，组织的生存、发展，不能脱离社会大环境，所以管理活动要想发挥有效作用，就一定要符合当地社会的文化情境，这也充分体现出管理活动有其文化依存性。从这一点上来说，任何管理活动都不能忽视文化的作用，不能忽视管理主体即管理者和管理客体即被管理者的文化差异性。在这一点上，马克思早就用管理活动的自然属性和社会属性两个概念做出了清晰的阐述。

既然我们承认管理是一种文化，管理活动有其客观的文化依存性，管理的有效性要充分考虑管理者和被管理者及所在组织的社会文化情境，那么，我们如何来对待管理活动中存在的这种文化差异，如何从东方人和东方组织的文化视角，来看待目前管理学中的西方崇拜和西方管理思想的强势地位呢？著名社会学家费孝通先生有一个论断非常正确。费孝通先生认为，对待文化差异和文化认同的正确态度，可以用16个字来表述：各美其美，美人之美，美美与共，天下大同。这一态度用在管理学范畴，那就是东西方学者都要充分认识各自学说的优点与个性，我们既要承认西方管理学思想有其重要的科学性和规范性，在西方企业的发展过程中起着非常重要的作用，呈现出其独特的魅力；也要认识到，东方社会和组织，虽然表现形式不同，但也应当在实践中总结、概括和提炼出自己独特的管理思想。我们应当相信，长期以来，在东方社会组织的管理中也一定存在着一系列一直发挥着卓有成效的作用的、独特的管理思想。同时，所谓"美人之美"，也就是说，我们应看到东西方管理思想各自所具有的独特优点，既不妄自菲薄，也不互相排斥。也只有东西方管理思想互相补充，融合共进，才能实现"美美与共，天下大同"，使管理学科获得长足的进步，适应现代企业发展的新需求。

三、危机中暴露的问题

如果我们承认，管理学理论并不仅仅局限于西方管理学，而且管理思想和理论是一种文化的积累和反映，那么东方管理思想就必然有其独特的价值和存在意义。而且，即便从实践证明的角度来看，如果说，以往西方企业的成功从实践效果方面证明了西方管理学的先进性和有效性,那么,2008年那场席卷全球的金融危机,以及随后波及实体经济的经济危机,也指出了西方管理学所存在的缺陷。

例如,过去被我们奉为经典、几乎管理学各专业教师在课堂上都要作为成功案例详细介绍的西方企业,如美国通用汽车公司、美林证券、花旗银行等曾经有着耀人光环的公司,在这次金融危机中都纷纷落马,有的甚至面临破产的境地,都给我们敲响了警钟。这些名声如雷贯耳的企业,无不完全按照西方管理学理论来进行管理,被认为是西方企业成功的样板,其管理模式都被世界上许多企业争相仿效,像通用汽车公司更是所谓百年老店。但如今这些公司遭受灭顶之灾的现实也非常清晰地证明了,西方管理学理论并非完美无缺,并不能解决企业经营管理中所有的问题。例如,曾经是世界最大的金融帝国花旗银行,如果不是美国政府连续三次斥巨资救助,挽大厦于将倾,那么在这次金融危机中恐怕也难逃覆灭的命运。2008年11月底花旗银行最低时候的市值,甚至不到2006年年底时2740亿美元的5%。花旗银行从全世界金融机构学习的榜样落到濒临破产的境地,反映出西方金融管理和企业管理理论中存在的一系列问题。从宏观层面来看,其中有美联储估计失误,连续多次降息后造成美国美元流动性泛滥,而促使银行不断从事高风险业务;而从微观来看,美国很多学者也曾经提出各种风险控制和管理理论,建立了许多风险控制的模型,但恰恰没有对美国最著名的金融企业所存在的最大风险进行有效控制。花旗集团在快速扩张的1999～2003年，年均并购交易金额超过100亿美元，从传统的商业银行迅速发展成为囊括银行、保险、证券、信托的全能和全球金融控股集团，资产规模从2000亿美元左右一跃到了2万亿美元的"巨无霸"，翻了10多倍。更为重要的问题是，花旗银行20世纪90年代后一改此前主要在自身比较熟悉的商业银行领域进行并购扩张的较为稳健的做法，大举进入到自己比较陌生的领域——投资银行领域。花旗银行资产规模与世界其他几家大型银行相比，规模并不是明显大，但其业务复杂程度却是最高的，有效进行管理的难度极大。运营效率低下、市场反应速度慢等弊病不断显露，高级管理层驾驭的能力也日益相形见绌。时任花旗集团首席执行官潘伟迪称，花旗的问题——肿胀的成本基础、笨重的结构和僵硬的官僚文化——存在于在危机之前，但他们一直未能下决心对此庞然大物进行痛苦的手术。类似问题还反映在制造企业中。在这次金融危机中同样濒临破产保护境地的通用汽车公司，虽然在20世纪20年代开始担任其首席运营官（COO）和首席执行官（CEO）长达35年的斯隆发明了事业部制和分权，并将这些理论运用于通用汽车的管理实践，但通用汽车最终还是沦为其庞大规模的牺牲品。通用公司为管理公司内部各事业部而建立的公司高层管理架构，在推动公司协同整合方面做得并不出色，而是建立了一整套官僚机构，助长了通用公司"大象屁股推不动"的不良文化，最终给公司带来灭顶之灾。

四、东方管理思想的价值

那么,我们的东方管理智慧对于以上问题可否有所贡献或启示呢?众所周知,东方管理思想在东方社会的长期发展中发挥着重要作用。就拿中国传统管理思想而言,其中的一些概念,在遭遇过金融危机后看来,价值更为凸显。中国传统管理思想中的许多论断,都在现代经济生活中得到了验证。例如将儒家思想中所提出的"过犹不及""物极必反"等管理思想原则,用来反思西方社会金融危机的成因,确实开阔思路。

众所周知,这次祸及全球的金融危机起源于美国的次贷危机。次级贷款是一种金融工具,金融工具包括金融衍生产品本身并没有错,如果运用得当,能够对社会经济发展起到促进作用,但如果操作者只为谋求自身利益,为了追求个人和本企业的经济效益,过分地运用金融杠杆,就会无限制地放大风险,造成"物极必反"的后果,给社会带来巨大危害。

2006年起,国务院发展研究中心、中国企业联合会和清华大学联合主持了《中国式管理科学基础研究》的研究项目,这一研究的目的,是对中国成功企业管理实践进行总结和理论提升,研究其成功之道,推动中国企业管理的创新,并为当代管理学理论的发展贡献新知。该研究对中国企业成功之道所提出的第一点发现,就是"中"的管理思想,就是实用理性的辩证智慧。该研究从大量中国有代表性的企业案例研究中,特别注重研究和总结了企业和企业家的经营哲学、管理理念以及价值观基础,发现就像人体的基因一样,这些要素居于企业管理的核心,并深刻影响着从战略、组织、文化到运营、营销、创新等诸多方面。该研究发现,中国传统管理思想的精神,通过社会文化而嵌入,历久弥新,深入今天的企业家和管理者的内心深处,直接影响着他们的决策方式和思维框架。

实践证明,当代管理学,必然不可能是西方一元的,而是全球多元的。而直接和西方管理学相对应的,自然就是东方管理学。但谈到东方管理学或东方管理思想,我们要明确一点,虽然中国管理思想是东方管理学的重要组成部分,但东方管理思想和东方管理学绝不仅限于中国。历史悠久、博大精深的中国传统文化,其中确实有着非常丰富的管理思想,闪烁着管理智慧,成为东方管理学的重要组成部分,但我们不能一提起东方管理,就是中国传统文化中的儒、墨、兵、法、道家,似乎这就是东方管理学的全部。从纵的方面来说,从传统中发掘管理智慧虽然重要,但并不能完全解决当代管理中的问题;从横的方面来说,东方管理思想和东方管理学,是内涵十分丰富的概念,应该包含所有相对于西方的东方国家的管理理论和管理方法。

最近一期《哈佛商业评论》上有篇文章,提出一个当代管理学的"登月计划",列出了若干个当代管理学亟待解决的难题,其中有一个便是"重建管理理念基础"。由此可见,西方学者对于管理学的一些根本性问题,也在进行深刻的思考。对于东西方管理思想的异同,以前通常认为西方管理重视科层制,而东方管理重视人际关系。但是有研究结果证明并非如此。西方管理学与东方管理学,都是同中有异、异中有同。而管理科学的全面发展,就需要这种东西方管理思想的交融,我们既要重视研究西方管理学在中国情境下的实践效果,又要重视建立具有东方特色,基于东方社会文化和价值观体系的管理学理论。

五、东方管理学构想

如前所述,东方管理学是相对于西方管理学而言的。因此东方管理学所包括的地域范围,就目前看来,主要有中国(包括港台)、日本、韩国、新加坡、印度等。就文化圈而言,以儒家文化圈为主,兼及佛教文化影响的一些地区。就学科范围而言,就像一般大学的管理学院通常都只包含企业管理和经济管理一样,狭义的东方管理学主要是指企业管理学,兼及经济管理学,而广义的东方管理学还涉及公共管理和社会管理等领域。

东方管理学的研究对象是什么?我认为可以用一句话来概括,即具有东方文化特点、社会特点的管理活动和在此基础上提炼形成的管理理论。具体而言,主要包括以下内容。

1. 用东方社会文化视角分析现有的管理学理论

按照目前管理学中约定俗成的说法，这里的管理学理论是指自泰勒"科学管理理论"问世以来的所有西方管理学理论。这些理论虽然经过了西方社会发展过程的筛选和西方企业管理实践的检验，被证明有着较高的科学性和实践效果，理论的表现形式也较为完善，但是用东方社会文化视角来加以分析，这些理论本身的科学性、规范性和严密性还需要进一步研究。

2. 探讨现有西方管理学理论在东方社会和企业中的应用效果

东西方管理学并非互相排斥。但即便西方管理学理论在西方企业中应用收到了良好效果，但其是否具有普适性，在不同的社会和文化情境中应用，是否能收到同样良好的效果，是否能够很好地被吸收到东方管理学体系中来，成为东方管理学中的有机组成部分，这是东方管理学研究中的重要部分。

3. 研究东方国家中企业管理活动的特点和规律

一方面当前管理学界已有不少研究成果。早在东方管理学这一概念被提出、被学术界接受之前，就有学者针对日本企业的管理方式，概括出日本企业的管理特点，即长期雇用制、含蓄的控制方式、集体的决策过程等。也有学者根据对海外华商的研究，提出华商的"五缘文化"管理模式。这些规律、特点和模式的概括，都在某种程度上提出了东方国家中企业管理活动的特点和规律，为东方管理学理论体系的形成做了十分必要的前期工作，下一步的研究主要是要用规范科学的方法将其理论化。

4. 研究东方文化价值体系下对管理活动的认知和判断

管理活动，无论是内部的人力资源、组织行为、质量控制、运营管理，还是外部的投融资，东西方文化因为价值体系的不同，不同文化背景的企业经营管理者对于同样的管理活动和行为可能会有不同的认知和判断。而管理的实践效果，取决于管理者的实践创造和被管理者的接受程度。处于东方文化背景和东方社会环境下的管理者和被管理者，对于这些管理活动的认知，将直接影响管理的成效和企业的发展。而作为管理学研究者来说，既然我们认为管理既是一种科学，又是一种艺术，那么我们也更有必要从东方文化价值体系出发来研究各种管理活动的适用性和有效性，为东方管理学构建实践基础。

5. 研究东西方管理思想和理论的异同和融合

东西方管理思想并非截然不同，作为人类共同的文化成果,东西方管理思想和理论很可能你中有我,我中有你。在当今经济全球化现象日益突出的情况下,管理思想和理论同样存在着某种共同性。在东方管理学研究中,通过比较分析的方法,认真分析研究东西方管理理论的异同,探索东西方管理理论的融合之道,是东方管理学研究中不可或缺的重要部分。

6. 建构东方管理学的理论体系

西方管理学发展,自"管理学之父"泰勒提出"科学管理理论"迄今,已有百年,构建了较为完整、系统的管理学体系,形成了一整套管理学科框架、学说、研究方法、评价体系。而东方各国由于市场经济发展的时间普遍不长,规范意义上的企业历史大多也较短,因而迄今为止还没有能形成一套理论系统、逻辑严密、行之有效的管理学体系,许多东方企业至今还停留在经验管理阶段,即便是采用一些西方管理学理论和方法,许多也不完全适用。在当前情境下,建构一套东方管理学的理论体系,无论是从管理学科全面发展的角度,还是从东方企业管理实践需要的角度,都十分迫切。目前,已有一些学者在这方面做了不少有益的探索,但这些研究对于建构东方管理学的理论体系而言还远远不够,因此有待更多学者的参与和努力。

管理学科的发展需要多视角的研究,管理学的发展,诚如生物的多样性一样,只有打破西方管理学理论一统天下的局面，才能获得健康成长。如果说，以前我们还被那些采用一整套西方管理学理论来进行管理的西方企业成功的光芒所照耀，而不敢明确提出东方管理学这一学科概念的话，那么在经历金融危机，西方管理学已被事实证明也并非那么灵验，而中国企业经历 40 年改革开放的历程，也迫切需要更加切合中国企业实际的管理学理论引领的情境下，我们以更加科学和实事求是的态度，来认真思考和探讨东西方管理思想的融合，建构更适合中国和东方社会经济、东方企业发展的管理学体系，时机已经成熟。

巨变与赋能——互联网时代管理变革与创新

一、互联网给社会发展带来的五大巨变

当今社会,一切都离不开互联网。互联网给社会发展带来五个方面的巨大变化:

1. 人与物的变化

美国南加州大学教授卡斯特尔指出:"网络的形式,将成为贯穿一切事物的形式,正如工业组织的形式,是工业社会里贯穿一切的形式一样。"网络带来一种全新的人际交流与合作方式,它使人们可以几乎无成本、无障碍地进行文字、声音、图像全方位迅捷交流。互联网将一切连接起来:远在天涯的亲朋好友,通过网络图像和声音,变得"近在咫尺";原先互不相干的事情,借助网络互通互联;原先毫不相干的物品,也通过网络有踪迹可寻。而且,在互联网上,每一个人、事、物彼此都是平等且重要的,并不因为其在现实社会中的地位高低、金钱多少而区分出重要性的大小,原先名不见经传的小人物可以短时间内成为"网红",原先不被人关注的物品可以瞬时成为"爆款"。

2. 大数据带来的价值开发

因互联网所产生的大数据，正成为新时代巨大的经济资产，成为新世纪的"矿产和石油"，它将带来全新的创业机会、商业模式和投资方向。大数据使当代经济、政治、社会、文化等许多门类，都会发生本质的变化和发展，进而影响人类的价值体系、知识体系和生活方式，也使得企业之间的竞争又增加了新的内容。2017年热闹一时的两家物流公司的纷争便因此而生。这两家物流公司的纷争并不是对快递柜在小区中一城一地得失的计较，而是看中了快递柜背后的巨大且具体的消费者数据，能够给公司销售及其他方面带来切实的经济效益。

3. 工业生产方式的变化

工业4.0现在已是不少企业的生产方式。工业1.0是蒸汽机带来的动力革命；工业2.0是以福特汽车公司流水线作业为代表的规模化工业生产；工业3.0是大量采用电子技术的机电一体化；而工业4.0则是在互联网条件下信息技术和物理技术的高度融合，例如智能工厂、智能生产、智能物流等多种方式。互联网与传统行业相结合，使互联网创新成果深度融合于经济社会各领域之中，有效提升了实体经济的创新力和生产力。

4. 工作方式的巨大变化

今天，那些可以在任意自己喜欢的地方和时间工作的人们，正描绘出新时代的工作样态。在美国等发达国家，不到特定场所去工作的人们，已经占到工作人口约三分之一，并且每年以百分之十的速度增长着。因为有了互联网，不同工作群体之间可以全方位地随时沟通协同，许多情况下团队成员不必路途遥远地赶到同一个地方上班，但这也给组织管理带来新的挑战。

5. 社会行为方式的变化

在消费端，消费方式从走街逛店到超市血拼，如今更多是网购快递。在生产端，从大规模批量生产到一对一定制，发展到3D打印。沟通工具更是经历了固话到图像传输、无线通信又到微博、微信的发展轨迹。支付工具也从现金到银行卡又到电子钱包。此外还有自媒体的大量兴起，存储工具的飞速发展，云储存、云计算、云共享等，这些发展和变化不仅使人目不暇接，更带来社会行为方方面面一系列连锁反应。

二、企业面临的新挑战

互联网时代，企业在享受网络所带来的红利时，也毫无悬念地面临众多挑战。

1. 发展的不可预测性

互联网时代，"一切皆变，一切皆存在，一切皆有可能"。由于互联网及其衍生技术给社会带来的巨大冲击，使得企业发展方向和运作形式存在极强的不可预测性。诚如马云所言："如果PC改变了我们的工作方式、生产制造方式，那么，移动互联网是生活方式的变革，中国未来会因为移动互联网而发生天翻地覆的变化"。这种天翻地覆的变化，表现在企业经营上，便是极强的不可预测性。在人们当年因为一款诺基亚新手机而沾沾自喜时，谁会想到不久就会如此迅速地被智能手机颠覆？以方便面为代表的快餐食品，竞争对手竟然是"美团点评"和"饿了么"这样的网络点餐企业。这种网络世界给企业带来的不可预测性，表现形式为一种全方位的颠覆性创新：企业的生产方式在变，产业链之间的合作方式在变，产品销售渠道在变，服务方式在变，而最根本的消费者也在变。

2. 多维性

谁会想到极为传统的出租车会最先拥抱互联网？几乎每家每户都拥有一辆的自行车大国，竟然一夜之间满世界的共享单车，而如今又面临着共享单车"退潮"，给城市管理带来未遇的难题。以运动产品闻名的安踏公司竟然和美国宇航局（NASA）合作，以至于一分钟能卖出3000双运动鞋！

3. 新族群的产生

据中国互联网信息中心（CNNIC）统计，2017年中国网民数量达到7.72亿，其规模已经相当于欧洲人口总量。其中手机网民占到97.5%。这个消费群体异常活跃,他们年轻,消费能力强,消费兴趣转移快,这为企业如何有针对性地提供适销对路的产品和服务提出新的课题。

4. 新进入者改变规则

互联网时代,新生事物层出不穷,互联网造车,颠覆了以往汽车工业的制造模式和产业链协作模式。Uber等共享汽车及一系列共享经济模式完全改变了人们出行方式的以往规则。而且我们可以想见,如果一旦新能源汽车取得突破性进展,那么以往投在汽车发动机研发方面的巨量资金便几乎无所回报。

5. 共享与平台

互联网时代,平台是一个使用率极高的词汇,而平台和共享又密不可分。我们发现,越是离散程度高的物品,通过互联网这一低成本且高效便捷的工具,更容易使其价值集聚,并发展成为一种新商业模式。例如,"滴滴"便提供了一个开发私家车潜在运力的平台,并使平台、车主、用户多赢。"驴妈妈"网站借助互联网,将数量巨大但分散的旅游需求用户集聚起来,并有效组合旅游供应链各环节,提供优质低价的服务。这一商业模式,颠覆了以往企业管理理论中著名的"二八法则",成为"长尾理论"的突出案例。

三、互联网时代企业管理新模式

中国的企业如何紧跟时代步伐去发展，中国的管理学如何改变西方理论一统天下的局面，这有待于中国的管理学者去开拓、去创新。管理学既是科学，又是艺术，其被验证的公式、定理、方法等，在不同场景下应用，被不同的管理者使用，用在不同的人和物身上，往往会产生截然不同的效果。互联网带来的社会巨变，给管理学提出大量新课题，而中国的管理学要面向实际，迎难而上，敢于直面挑战，去解决企业发展中的现实问题，在管理实践中创造新理论、新方法。

1. 互联网时代的组织创新

马克斯·韦伯提出的科层制结构，已经越来越不适应当今互联网时代组织管理特点，其所存在的组织庞大、决策集中、响应缓慢等问题，已经很难适应互联网时代对组织的要求，更难以适应当今新生代员工需求。就像韦伯自己所说："科层制发展得越完善，越趋于非人性化，越能彻底地消除一切纯粹的逃避计算的个人、非理性和情感因素。"在工业化时代，科层制确实起到了这样的作用，消除了组织管理中一切非理性因素，但也把人和组织变得更加机械和刚性，以至于有可能使人的行为被异化。互联网时代的人，员工更加注重身处组织中的感受，顾客更加注重消费过程中的体验。因此，互联网时代的组织，需要进行彻底的组织创新，其发展趋势集中表现在组织轻量化，结构扁平化，决策前线化，立场用户化，响应快速化。

2. 互联网时代的企业能力创新

互联网时代，企业要具备应变能力，不仅是以往经验的积累和继承，更要具有面向未来，预测和掌握未来趋势的能力。因为这个世界实在是变化太快了，任何一个组织如果不掌握未来趋势，就极有可能在某一个未知的时间节点衰败下来。曾经雄踞世界第一的柯达公司，就是因为未能正确预测数码科技的迅速普及，以至于虽然领先 10 年掌握了数码技术，但因未能及时将其投入商用，以至于陷入破产境地。因此在互联网时代，要先做强，再做大。与此同时，互联网技术和思维也有助于企业克服传统组织容易产生的"大企业病"，即机构臃肿、层级过多、沟通不畅、响应缓慢等现象，促使企业的能力创新。

3. 打破企业的固定边界

在这个社会上，企业这种组织存在的意义究竟为何？经济学家科斯在 1937 年发表了著名的《企业的性质》(The Nature of Firm)一文，提出企业存在的意义，就是用一个组织的内部交易取代组织与外部的交易，以此来降低每一笔交易的成本，这不仅有利于企业自身的发展，同时也有利于社会发展。而如今，互联网技术已经可以使每一个组织甚至每一个个人将价格发现成本降到几乎为零，信息日益趋于对称和透明，因此在一个屋顶下的交易，往往并不能降低交易费用，而不拘于组织内外部形式的价值链、产业链之间的协作其重要性日益突出。并且，正在日益成熟的区块链技术，也有望使协作方之间的知识产权归属更加明确，从而使协作更具保障，增强协作各方的信心。在互联网时代，企业更注重构建价值共同体，以一个任务、项目为中心，快速聚合一批能够协同作战的组织或个人来完成任务。当任务完成后，这种"柔性共同体"便解散或在新的目标下重新组建。当今企业的优势更多在于先于对手预测并满足客户需求，速度收益超过规模收益。轻资产、敏捷型企业会大行其道。打破企业的固定边界，要求组织无论内外，都要建立强链接。内部形态必须是开放的、社区化的多元组织形态，外部同样表现为相互链接的价值共同体和生态圈。

4. 给员工充分赋能

随着互联网时代的到来，企业竞争形态发生极大变化，千军万马的"大兵团作战"将日益罕见，而由具备各项才能的"特种兵"出奇制胜会更多地成为竞争的主要形式。因此，企业管理者的主要职责从管理员工行为变为鼓励员工探索，打破层级、岗位和固定分工，给员工提供各种资源，为员工赋能，促其成长，促成创新。所以，企业变轻，员工变"重"；企业变小，员工变"大"。用各种方式使员工快速成长为有高超技能的"特种兵",从而助力企业提升竞争力,是互联网时代企业管理者的首要任务。著名的美国3M公司的组织管理体系准许员工跨部门成立工作小组,准许员工拿出工作时间的15%自由支配,去做和本职工作不相关的事情,为员工设立创新工作的氛围和平台。结果,3M公司的新产品很多就是内部员工在这15%自由时间里的价值创造。美国《连线》杂志高级制作人、《长尾理论》一书作者克里斯·安德森就指出,"二十世纪的合作模式是企业模式,人们在同一个屋顶下为了某个大目标而工作。二十一世纪的合作模式就没有那么正式了,它更多是社群模式"。在社群的宽松模式下,员工的创造性能够更好发挥,而其创造将成为企业竞争力的重要来源,同时员工需求和心态也在发生极大变化。随着企业固定边界被打破,互联网时代在为员工赋能原则指导下,企业对员工的认识也要有新的提升,一是"不求所在,但求所用",各种形式的外包、众包都可以广泛采用;二是在企业内部,既推崇统一的企业价值观,同时也鼓励个性化发展。三是以各种形式充分调动员工积极性,真正做到企业与员工双赢。

5. 创建自驱动企业文化

互联网时代,针对大量有个性、有活力、有知识、有思想的年轻员工,企业文化的作用日益凸显。而在当今的企业组织中,更要注重创建自驱动企业文化,提升企业的自组织、自我纠错、自我更新能力。华为的任正非就不断告诫员工：华为只有成长，没有成功。TCL 的李东生借喻"鹰的重生"，来警示企业要不断自我否定，从而获得新的生命。海尔的"人单合一"，则是借助物联网技术和市场力量，使每一个员工的工作行为都和市场无缝连接，使员工真正确立起市场意识，不是靠管理者来驱动，而是建立起自驱动的企业文化，从而全方位实施自我管理。而在自我驱动中，既要重视结果，又要关注过程。一件事情，如果只有结果，而说不清导致结果的过程，那结果往往不可靠或者手段不正确。但如果过程说得头头是道，却产生不了好的结果，那就是空中楼阁一场空。

四、三个企业的典型案例

互联网时代，众多企业为了应对激烈竞争，都在进行不懈探索。

1. 小米公司的扁平化极简管理

作为著名"独角兽公司"的小米，在管理方面颇有创新。首先是组织扁平化，偌大个公司，一共才三个层级：核心创始人—部门领导—员工。其次是管理极简化，不搞烦琐的规章制度，甚至不打卡，强调每个人的自我驱动，运用文化和价值观进行管理。三是建立充分透明的利益分享机制，这是自我驱动的制度保障。正是在这一新管理模式之下，小米公司虽然创业时间不长，但获得不俗业绩。而且围绕着产品开发和与顾客的良性互动，小米不仅建立了颇具规模的产品生态圈，而且聚集了数以千万计的"米粉"，为公司产品销售和口碑传播奠定了牢固基础。

2. 海尔集团的小微化组织改革

作为全球家电业龙头企业的海尔集团，2017年全球销售额2419亿，经营利润也大幅度增长。自从海尔首席执行官张瑞敏在2005年提出"人单合一"管理模式之后，随后又在组织变革上予以呼应，提出"企业平台化、员工创客化、用户个性化"。企业平台化，就是适应互联网时代的组织管理，把庞大的企业组织逐渐拆分成不同类型的多家小微公司，用张瑞敏的话来说，就是把原来的航空母舰变成一个舰队。这样做的目的，就是既激发员工个体活力，又激发企业组织活力，调动各方面积极因素为用户提供个性化产品和服务。企业所有员工都以用户为中心，所有资源从市场来，所有利润从用户来。由原来的科斯所主张的企业利润最大化，转变为所有利益相关者各方利益最大化。在收购了美国通用电气公司的白色家电业务后，海尔还成功地将这一管理模式推广到通用电气公司并获得成功，成为中国企业输出管理模式的成功范例。海尔的这一组织变革，比日本"经营之神"稻盛和夫提出的"阿米巴经营"有了更深层次和更实质性的进展。

3. 沪江网的内部创业

互联网时代，每一个员工都怀揣着一个创业梦。如何既帮助员工"圆梦"，又能提升企业实力，是企业管理面临的新课题。作为我国最大互联网学习平台的沪江网，在这方面做出了积极探索。在公司里，员工有了创业的点子，产生了创业冲动和创意，公司经过一定程序评估后，给予大力支持，提供场地和条件，并保留员工的原待遇不变，鼓励员工继续研究和实施。如果成功，公司再和员工协商下一步方案，如不成功，员工仍然可以回到原岗位工作。这样，既打消了员工贸然跳出去创业的后顾之忧，万一创业不成功依然有退路，同时又使得公司可以第一时间共享员工的创业成果，提升公司的综合实力。

未来已来。互联网时代给企业管理提出了众多全新课题，每一个管理学的研究者、实践者只有改变自我，拥抱变化，才能跟上时代步伐，去迎接和融入这个伟大的时代。

企业管理的"道"与"术"

研习企业管理多年,一直在思考一个问题:管理企业,可谓有"道"亦有"术"。

什么是"管理之道"?就是管理的思想、理念、原则,它实际体现的是管理者深刻掌握管理思想和原则之后,在组织管理实践中总体掌控、驾驭的思想和能力。作为一个领导者,不仅要管好一人、一事、一时,而且要深谙管理之道,深刻领会管理的思想、原则与精髓,这样才能切实提升自己的管理能力,引领企业激流勇进。中国企业为什么很难做强、做长、做大?除了有市场环境不充分、市场机制不健全、外部环境不利等因素之外,就管理能力而言,往往在企业做到一定程度后,企业领导者之思想、理念和全局掌控能力受到制约,那么在复杂多变的环境中,就不能游刃有余地应对企业所面临的复杂局面。所以每一个组织主要领导者,必须深刻掌握"管理之道"。而所谓管理之"术",则指的是具体管理技巧、方法和手段。如物流怎么做、渠道怎么理、营销怎么搞、现金怎么流、人力资源怎么安排等。这些也需要了解和掌握,但通常企业领导者可以通过他人去管理这些方面,从而使企业运作优良。

管理有道

"道"在中国文化中有很多种解释,可释为道路、道理、原则、本原等。《老子》曰:"道可道,非常道"。"道生一,一生二,二生三,三生万物"。这都是说,"道"为世界上最本原的物质,其他物质皆由"道"这一本原的物质生发出来。道又是很奇妙的东西,有其很深奥的哲理,非一般人所能解释,所以能生万物。世上万物如果离开了"道",就会失去本质,失去方向,失去目标。而虽然人人都说自己会管理,你只要给他权力,让他管理,无人会说自己不行。但其实不然,要真正掌握管理之道,并在实践中运用自如,是一门很深奥的学问,而要掌握管理之道,必须要有六方面的良好心态:

1. 避免功利

企业是一个经济组织,创造和获取利润天经地义。但作为一个企业管理者,在研究和学习管理之道时,却要摒弃功利心。正如宋代诗人陆游所言:"汝果欲学诗,功夫在诗外"。不要想今天听了课或是看了书,明天就能赚大钱,后天就能将企业做大。只有彻底摒弃功利心,才能学到真知识。

2. 虚怀若谷

作为企业管理者,能够想到要研习管理之道,大都为商海能人。"虚心使人进步,骄傲使人落后"虽是老生常谈,但真正做到却实属不易。所以必须虚心,虚怀若谷。"山外有山,天外有天"。学习他人长处,研究别人的经验,并把他人的成功经验转化为自己可应用的理念和方法,在实践中加以很好的运用,这对自己的事业会有莫大的帮助。

3. 零基思维

零基思维是管理学中一个术语,是指我们每个人要常常将自己归零,清空,这样才能往头脑中装进更多的内容,更好地充实自己,并且打破以往的思维定式,张开创新的翅膀。有人做过一个实验,往一个瓶子里放东西,先放较大的石块,看上去满了,但石头满了可以放小石头,再可以放黄沙,再可以放水等。各种各样的东西可以不断放进去。所以无论多么成功的人,如果要想学到更多的知识,就要经常把自己归零,如果听到这个知识觉得没有什么了不起,听到那个理论想"我早就知道了",怀着这样的心态,那将一无所获。

4. 分享经验

宇宙世界,气象万千。三百六十行,行行出状元。企业处于不同行业和地区,都有成功高招和失败教训,虽然有些经验和经历和自己的企业不尽相同,但"他山之石,可以攻玉"。这些宝贵的经验和教训都有其深刻的背景和内涵,如果我们深入了解,将使自己在今后的管理工作中少走弯路,以更低成本获得更大成功。所以我们要多研究不同企业的各种案例，不仅是成功案例，也可以是失败案例，从中获得各种收益。

5. 归纳总结

知识经济时代，信息泛滥，我们每天接触到许多知识，也会接收许多似是而非的信息。有一个统计数字，说现代人每天光广告就要接触到250余条。别的且不说，仅微信等新媒体上的信息就难以数计，但如果我们不进行及时的归纳、总结，就不能将所接受到的知识和信息进行梳理，从中提炼出有用的内容。

6. 提升感悟

著名管理大师德鲁克告诉我们："管理是一种实践而不是一种科学或一种专业"。而管理这种实践活动，需要有正确的理念加以指导，"做对的事情"才能把成本降到最低。因此每一个管理者要善于思考，将所有学到的东西经过大脑的深思熟虑，提升自己的感悟。管理学从实践中来，将现象提升为理论或者理念，然后再运用于实践，并加以检验。从"术"提升为"道"，再用"道"来指导"术"的实施。

深谙管理之道，精研管理之术，是一个真正的企业家应具备的素养。

拓展管理学研究新领域

如果我们把泰勒在1911年出版《科学管理原理》视为管理学诞生的标志,在此之后100多年,管理学获得了长足发展,奠定其在世界学科群中的地位。然而其中也还有一些悬而未决的问题。例如,管理究竟是科学还是艺术,抑或是科学和艺术的结合?

大多数学者认为,管理既是一种科学又是一种艺术。既然如此,当前这种西方管理学一统天下的态势是否合理?丰富多彩的管理实践证明,当代管理学必然不是西方一元而是多元的。我们应该勇于打破管理学的迷思,全面客观地认识管理学的构成及其走向。这是因为:一方面,当代世界形势变化多端,文化更加多元,各类组织所面临的形势更为纷繁复杂。单单依靠在西方社会情境下所建构的管理学,并不能够解决所有社会中的组织管理问题,而且包括中国企业在内的很多东方企业已经深受"食洋不化"之苦。另一方面,西方管理学理论甚至也不能完全解决西方企业自身很多管理问题。

国务院发展研究中心和清华大学曾经联合进行一项《中国式管理科学基础研究》,该研究对中国企业成功之道所提出的第一点发现,就是"中"的管理思想,就是实用理性的辩证智慧。该研究发现，中国传统管理思想的精神，通过社会文化而嵌入，历久弥新，深入今天的中国企业家内心深处，直接影响着他们的决策方式和思维框架。复旦大学东方管理研究院正在进行的《改变世界——中国杰出企业家管理思想访谈录》研究项目，对张瑞敏、雷军、宗庆后、柳传志等著名企业家进行了深入访谈，各位优秀企业家所阐述的管理思想和管理方式，无不是中西兼容，大胆创新，从而收到很好的管理效果。

和西方管理学相对应的，自然就是东方管理学。东方管理学的研究对象是什么？可以用一句话来概括，即具有东方文化和社会特点的管理活动，以及在此基础上提炼形成的管理理论。具体而言，主要包括以下内容：

1. 用东方社会文化视角分析现有的管理学理论

按照目前管理学中约定俗成的说法，这里的管理学理论是指自泰勒"科学管理理论"问世以来的所有西方管理学理论。这些理论虽经过了西方社会发展过程的筛选和西方企业管理实践的检验，被证明有着较高的科学性和实践效果，理论的表现形式也较为完善，但是用东方社会文化视角来加以分析，其本身的科学性和规范性、严密性还需要进一步加以研究。

2. 探讨现有西方管理学理论在东方社会和企业中的应用效果

东西方管理学并非互相排斥，但即使西方管理学理论在西方企业中的应用收到了良好效果，其是否具有普适性，是否能很好地被吸收到东方管理学实践体系中来，成为东方管理学的有机组成部分，仍然有待研究。

3. 研究东方国家企业管理活动的特点和规律

早在"东方管理学"这一概念提出之前，就有学者概括出日本企业不同于西方的管理特点。也有学者根据对海外华商的研究，提出注重"亲缘、地缘、神缘、业缘、文缘"的"五缘文化"管理模式。这些规律、特点和模式的概括，虽然还可能略显粗糙，有的也未完全形成严密的理论体系，但都在某种程度上提出了东方国家企业管理活动的特点和规律，为东方管理学理论体系的形成做了十分必要的前期工作。下一步的研究，主要就是用规范科学的方法将其理论化。

4. 研究东方文化价值体系下对管理活动的认知和判断

因为价值体系差异，不同文化背景的企业经营管理者对于同样的管理活动和行为会有不同的认知和判断。而管理的实践效果，取决于管理者的实践创新和被管理者的接受程度。处于东方文化背景和社会环境下的管理者和被管理者，对于这些管理活动的认知，将直接影响管理成效和企业发展。既然我们认为管理兼有科学和艺术的双重性，那么，我们更有必要从东方文化价值体系出发来研究各种管理活动的适用性和有效性，为东方管理学构建实践基础。

5. 研究东西方管理思想和理论的异同和融合

作为人类共同的文化成果，东西方管理思想和理论很可能你中有我、我中有你。在当今经济全球化现象日益突出的情况下，管理思想和理论同样存在着某种共同性。在东方管理学研究中，通过比较分析的方法，认真分析研究东西方管理理论的异同，兼容并蓄，探索东西方管理理论的融合之道，是东方管理学研究中不可或缺的重要部分。

6. 建构东方管理学理论体系

西方管理学构建了较为完整、系统的管理学体系，形成了一整套管理学科的框架、学说、研究方法和评价体系。而东方各国由于市场经济发展时间普遍不长，规范意义上的企业历史大多也较短，因而迄今为止还未能形成一套理论系统、逻辑严密、行之有效的管理学体系，许多东方企业至今还停留在经验管理阶段。在当前情境下，建构东方管理学的理论体系，无论是从管理学科全面发展的角度，还是从东方企业管理实践需要的角度，都十分迫切。

鉴于此，具有悠久历史和广泛影响的《外国经济与管理》设立了《东方管理》栏目。作为一家冠以"外国"名头的学术刊物，能够专设这一栏目，无疑有着极大创新意义，这说明主事者的胸怀和眼光。栏目首发的两篇论文，聚焦于中国家族企业研究这一极为重要且有特色的领域。著名学者福山指出:"中国属于低信任文化国家,信任只存在于血亲关系范围内,超出血缘关系的信任程度明显降低。华人与美国家族企业的最大差异是到了第三代,只有极少数华人家族企业在实现制度化管理方面取得成功"。无论东西方,家族企业无疑是各类企业中一支极为重要的力量,但我们可以看到,中外家族企业在管理和传承方面存在巨大差异。

管理学科的繁荣需要多视角的研究。管理学的发展,诚如生物多样性那样,只有打破西方管理学理论一统天下的局面,才能获得健康成长。正在成长中的中国企业经历40多年改革开放历程,也迫切需要更加契合中国企业实际的管理学理论引领。我们要以更加科学和实事求是的态度,来认真思考和探讨东西方管理思想的融合,建构更适合包括中国在内的东方社会经济和东方企业发展的管理学体系。

中国管理学发展中的文化自信

一、中国管理：实践与理论的脱节

当前，中国经济发展已经引起全世界瞩目。在中国经济高速发展过程中，企业作为经济发展的主体，也获得了飞速发展。2017年，在世界500强中，中国企业已占据115席，一大批中国企业不仅在中国经济社会发展中起着主体作用，而且正在大踏步地走向世界，活跃在世界经济舞台。

在中国经济和企业的发展中，管理学功不可没。伴随着改革开放进程，中国的管理学从学科空白到紧跟全球学术界前沿步伐，从对世界管理学发展知之甚少到如今几乎与世界同步，取得的成果非常明显。然而，我们不难发现，在这一学科发展过程中，我们在管理理论研究和管理实践操作中却缺乏自信心，缺乏原创性。首先说管理学理论研究，虽然改革开放40多年来，中国管理学研究从无到有，如今更是遍地开花，几乎每一所大学都有管理院系，但是毋庸讳言，当今的中国管理学研究，仍然停留在对西方管理学理论的诠释性、注解性研究层面，亦步亦趋，"依样画葫芦"，西方学者提一个新概念，中国学者最多也就做一些西方管理学理论在中国情境下的描述与分析，而鲜有自己的理论创新。其次在管理实践层面，虽然作为管理者的管理主体和作为被管理者的管理客体都是中国人，但在很多中国企业中，用来指导管理实践的理论却都来自西方。

西方管理理论的"全球通吃"固然有其原因。一方面，现代意义的管理科学兴起于西方，自从被尊为"西方管理学之父"的泰勒于1911年出版《科学管理原理》一书以来，在100多年的历史发展中，西方管理学者在其市场经济逐步发展和企业不断壮大的过程中，构建了很多管理理论。这些管理理论指导着企业不断完善和发展，为人类社会进步创造了巨大财富。另一方面从管理实践而言，西方国家在其经济长期发展中，由于其先进科技和经济实力以及不断提升的管理水平使然，诞生了很多世界性大企业，这些企业成为全世界企业学习的标杆，向世人昭示了其企业管理的成功之处，因此得到了大家的追捧。当代社会，文化领域的话语权在很多情况下都是和经济发展状况密切相关的。经济发达国家由于在许多方面具有领先地位，因而其学术文化领域的话语权也就相应强大。不仅自然科学是如此，社会科学也是如此，而作为与经济增长及企业发展息息相关的管理学领域则更是如此。

认真学习西方管理理论自有其必要性，但与此同时，我们如何来看待东方的管理呢？

2018年年初，中共中央办公厅和国务院办公厅印发了

管理有道

《关于实施中华优秀传统文化传承发展工程的意见》（以下简称"意见"）。"意见"指出，"文化是民族的血脉，是人民的精神家园。文化自信是更基本、更深层、更持久的力量。中华优秀传统文化积淀着多样、珍贵的精神财富，如求同存异、和而不同的处世方法；文以载道、以文化人的教化思想，形神兼备、情景交融的美学追求；俭约自守、中和泰和的生活理念等，是中国人民思想观念、风俗习惯、生活方式、情感样式的集中表达，滋养了独特丰富的文学艺术、科学技术、人文学术，至今仍然具有深刻影响。"

管理是一种文化的积淀和表现。任何社会和组织的管理，都不是无源之水，无本之木，其管理理念、方法、手段，都是该社会或组织历史传承的产物，无论是管理者或被管理者，无不受到所在社会和组织文化传统的影响。从文化表现而言，任何组织的管理方式都是当代文化的体现，在管理活动中体现出来的各种形式的管理过程，都反映了当代文化的特点，带有时代的印记。因此，建构中国管理学，就不能采取文化虚无主义的态度，认为中国在管理方面就是一纸空白，就是一无所有，就是应该全盘照搬照套西方管理学的理论体系。而且，在21世纪的今天，中国企业要走向国际，中国要实施"一带一路"的国际战略，就应该充分建立起文化自信。我国的管理科学正处于从跟踪、模仿走向自主创新的关键时期，在中国的企业管理中，我们要倡导在理论指导下的实践，更要倡导有实践基础的理论。因此，创建并繁荣中国气派的管理学,是管理学者及企业管理者义不容辞的责任。

在中国当前的经济发展与转型中,经济生活和各类组织管理中出现了许许多多新现象和新问题,这些问题光靠西方的管理理论与方法是无法解决的。我们的社会科学要建立自己的特色,要解决中国社会发展中的现实问题,就必须在借鉴西方先进管理理论的同时,立足于广袤的中国大地,立足于从博大精深的中国文化中提炼出自己的管理理论和智慧,构建中国特色管理理论和管理模式。

二、中国管理思想的价值

管理学大师彼得·德鲁克对于管理问题曾经有过一段精辟论述:"管理是关于人类的管理,其任务就是使人与人之间能够协调配合,扬长避短,实现最大的集体效益……因为管理涉及人们在共同事业中的整合问题,所以它是被深深地植根于文化之中。管理者所做的工作内容都是完全一样的,但是他们的工作方式却千差万别。因此,发展中国家的管理者所面临的一个基本挑战就是,如何发现和确定本国的传统、历史与文化中哪些内容可以用来构建管理,确定管理方式。"

中国社会历史悠久,长期以来,在中国社会发展中,管理思想的光芒一直在闪现。无论是国家的宏观管理或者区域、组织的微观管理,具有东方色彩的中国管理思想始终在发挥其特有的作用。虽然，在漫漫历史长河中，中国管理思想还未形成规范系统的理论体系，但其中的价值经过千百年的文化洗礼，却依然闪耀着熠熠光芒。要真正进行中国管理学研究，基本前提就是要对中华文化有充分认识，包括对中华传统文化以及当代文化的认识。没有对中华文化的基本认识，就谈不上研究中国管理学，因为本土化并非生硬地将西方的东西借过来或搬过来，而是要对中国文化的价值在管理领域有基本的内化。

在中国浩瀚的历史长河中，儒家、墨家、兵家、法家、道家可谓是中国文化的主干，这些学术流派中的管理理念和方法影响着数千年中国社会的各个方面，对中国社会发展起到了极为重要的作用。

儒家提出"修己安人"的领导方式。孔子提出，修己以敬，修己以安人，修己以安百姓。从管理学角度而言，这就是对管理者自身、对主要骨干以及对全体员工的有效管理。墨家主张"兼爱尚贤"，这和现代管理中日益成为主流的人本管理不谋而合。兵家更是和管理学有着极深的渊源，现代管理学中的很多术语例如"战略""参谋"等本就来自于军事学，而《孙子兵法》中"守正出奇"等卓越的战略思想，更是直接被现代企业管理者加以运用，成为企业竞争战略中的重要指导思想。法家"令行禁止"的管理思想，用现代管理术语来说就是制度管理，"无规矩不成方圆"，组织只有严格制度管理，才能让所有成员行动一致，组织才有竞争力。

而道家"无为而治"的管理智慧，更是出神入化，可以理解为充分信任，大胆授权，以无为致有为。

需要着重指出的是，我们在寻找中国管理思想的价值时，并非只是沉浸在昔日的辉煌之中。探索中国管理思想价值，绝非"考古事业"。当代中国企业及其管理者，同样在丰富的管理实践中涌现出许多智慧的火花。例如"两参一改三结合"的"鞍钢宪法"，提倡全员参与管理；"三老四严"的"大庆精神"，强调从严管理，实事求是等，都完全和当代管理理论内涵高度契合。而在改革开放之后，随着中国社会主义市场经济的推进和企业的飞速发展，又涌现出一大批优秀企业和企业家。复旦管理学奖励基金会联合第一财经、复旦大学东方管理研究院正在进行的《改变世界—中国杰出企业家管理思想访谈录》项目，已经系统采访了20名中国企业家。这些企业家中，张瑞敏的领先意识，柳传志的运筹帷幄，董明珠的刚柔并济，雷军的交互思维等，都为中国管理学宝库增添了一颗又一颗璀璨明珠，这些管理思想，即便在世界的管理学理论中，同样毫不逊色。

多年来，在中国管理学的发展中，始终存在着一种文化困境，即如何解决欧美原创的管理学理论和中国管理实践对接问题。当今世界，只有美欧的管理学才算得上是本土管理学，也可以称之为内生性管理学，而非西方国家照搬美欧管理学，其实质是一种外衍性管理学，而非源于本国文化和社会的本土管理学。虽然我们并不排斥西方外来的管理学，但是无论就其话语体系还是应用效果来看,这种外衍性管理学所提供的理论知识和工具框架,都和中国社会、文化、历史、生活、人的心理状况以及最重要的企业管理实践产生脱节,以至于不少企业管理者在将西方管理理论套用到中国企业管理实践后,感觉严重脱离实际,远远收不到管理实效。

作为一种文化表现形式的管理活动,有其必然的文化依存性。马克思很早就指出管理活动有自然属性和社会属性这两重性。自然属性的管理其文化依存性很小或者全无,即管理学中的某些工具、公式等,可以不考虑使用中的主体、客体、情境,即通常所说的"放之四海而皆准"。这种状况不能说没有,但少之又少,而且即便是这种所谓普适性的管理理论,使用时也会因为环境的不确定性使得效果大相径庭。而管理活动更多更重要的是其社会属性,即任何管理活动的实施和管理理论的运用,一定不能脱离其情境因素,尤其是作为管理活动主体和客体的人,否则不仅有可能事倍功半,而且完全可能颗粒无收,收不到任何管理实效。所以在任何组织的管理中,如果仅仅以一种外衍性管理学来运用于内生性的管理现象之中,很难解决管理实际问题。

三、中国管理理论构建

著名管理学家、《竞争大未来》作者之一的加里·哈默(Gary Hamel)教授,在《哈佛商业评论》2009年第7期上曾发表一篇文章,提出一个管理学的"登月计划",有一条是"重建管理理念基础"。事实上,不少西方学者近年来也纷纷反思,他们以往对东方,尤其是中国的管理现象和管理成就是有所忽视的,为此,他们纷纷将目光转向东方。2011年的美国管理学年会(AOM),就将主题定为"West Meets East"(西方遇见东方),这就充分体现出当代西方管理学界开始高度重视中国的组织管理问题。例如,中国著名企业海尔集团正在推行的小微企业和创客生态圈,就引起了哈默教授的高度关注,在这位以研究企业战略见长的教授看来,"海尔以如此体量的公司进行这场大规模的变革,在全世界都很少见。这一做法是把客户至上转化为与客户共创,同时打破传统的组织边界,把员工转化成为创客,海尔走的是一条没有路线图的发展之路。"

在中国管理理论构建中,当前需要针对以下问题开展扎实研究。

(1)明确中国管理学的主要研究内容。中国管理学研究内容应是具有中国社会和文化特点的管理活动及在此基础上提炼形成的管理理论。如果我们承认,管理既是一种科学又是一门艺术,那么,我们更有必要从中国文化价值体系出发,立足于中国大地,通过分析中国企业中每时每刻所发生的鲜活案例,来研究各种管理活动的适用性和有效性,并从中归纳提炼出相关理论,为中国和东方管理学构建系统理论。

(2)用中国和东方社会文化视角,系统分析现有来自西方的管理学理论。现有来自美欧的林林总总管理学理论,是在总结提炼西方企业近百年发展壮大的历史经验中产生的，不少理论具有很强的完整性和系统性，这些理论虽然经过了西方社会发展过程的筛选和企业管理实践的检验，但在当今时代，这些理论是否依然适用，尤其是基于中国和东方社会文化视角来审视，是否具有文化差异性，依然需要深入研究。

（3）探讨现有管理学理论在中国以及东方社会和企业情境下的应用效果。东西方管理学并非互相排斥，其中有很多相通之处。但即使西方管理学理论在西方企业中的应用收到了良好效果，其是否具有普适性，是否能很好地被吸收到东方管理学实践体系中来，是否适用于受到中国文化影响的管理者和被管理者，成为东方乃至中国管理学的有机组成部分，仍然有待于认真检验。

（4）研究东方文化价值体系下对管理活动的认知和判断。东西方社会由于文化传统和社会背景不同，导致各自的价值体系有所差异，而在具体的企业管理中，因为管理的主体和客体都是具有思想和价值观的人，从管理主体即管理者来看，不同文化背景的企业经营管理者对于同样的管理活动和行为会有不同的认知和判断。例如著名管理学家霍夫斯蒂德就曾提出，东西方在崇尚个人主义还是集体主义之间的差别。而从管理客体即被管理者角度而言，东西方员工对于不同的管理方式感受也会有差异，而且有时候这种差异甚至会对管理绩效产生巨大影响，这从媒体披露的福耀玻璃在美国投资遭受挫折的案例就可见一斑。中国企业近年来在走出去过程中所发生的种种事件，都说明了这一点。

（5）研究中国和东方国家中企业管理活动的特点与规律。美国著名科学哲学家托马斯·库恩认为，范式是指"特定的科学共同体从事某一类科学活动所必须遵循的公认的'模式'，它包括共有的世界观、基本理论、范例、方法、手段、标准等与科学研究有关的所有东西。"我们在建立中国管理学理论体系中，同样要从管理学已有的范式出发，去分析和研究中国和东方国家企业管理活动的特点、规律，并探寻这些特点和规律背后的原因，并通过深入具体的研究，用科学范式将已有的中国企业丰富的管理实践活动规范化、体系化。

（6）研究东西方管理思想和理论的异同和融合。虽然从目前情况而言，从泰勒的《科学管理原理》一书问世起，西方管理学理论经过100多年发展，已经较为丰富和全面，其内涵也相当丰富，而现代意义上的中国管理学理论更多尚停留在认知与经验阶段，还比较零散，但同样需要我们通过比较分析的方法，认真分析研究东西方管理理论的异同，哪些可洋为中用，哪些需做扬弃，兼容并蓄，探索东西方管理理论的融合之道。

（7）系统建构中国管理学理论体系。相对于西方企业发展历史和管理学成熟体系，中国市场经济还在不断完善，有真正意义上的企业时间也不长，企业运作与组织管理等各方面还相对稚嫩，真正的企业家精神和商业文明氛围还在形成过程之中，中国管理学理论、东方管理学理论还处于初创时期,其理论基础、内容要素、框架体系等还需要进一步建立与完善。

在中国,管理的"洋务运动"虽还有一定市场,但正呈日益衰微之势,随着信息传递速度和广度的增加,以及人们对西方世界日益深入的了解,包括按照标准西方管理理论打造的著名企业频繁发生的经营不良事件。曾被奉为"管理圣经"的西方理论光环逐渐褪去,越来越多的中国企业家通过管理实践认识到,靠外国的工具管理中国人有时并非有效,张瑞敏就指出中国企业要有自己的管理模式。而日益众多的中国管理学者在对西方理论有了更深的了解之后,正将研究目光更多地投向中国本土的管理学理论,探索从中国丰富多样的管理实战案例中找出其共同规律,并进而提炼成中国原创的管理学理论。这种现象令人欣慰。

中国社会科学要形成中国特色,要解决中国的实际问题。中华民族在全球化的趋势中如何找到自己的文化地位,建立强大的文化自信,是当前中国社科界重大而又紧迫的任务。在这一繁重任务面前,我又想到了费孝通先生的名言,它给我们点明了文化创新和文化自信的实施路径,那就是"各美其美,美人之美,美美与共,天下大同"。全球文化的繁荣就像生物多样性那样,一定是百花齐放,群芳争艳。为此,我们要充分认识中国管理智慧的优势,同时也要看到西方管理学理论的长处,在建立中国管理学理论体系的同时,与世界其他管理学理论流派"美美与共",共同开创世界管理学的明天。

中国文化传统影响企业文化的两面性

近日,和一位企业家谈到社会文化对企业文化的影响,他列举多个例子,谈到不同地域文化对企业文化的影响,我深以为然。当今也有一些诸如"浙商文化""徽商文化"等的研究成果,便可见一斑。

那么,作为社会文化深厚积淀的中国文化传统,对于企业文化有何影响呢?这种影响是正面或是负面的呢?要研究这个问题自然并非一日之功,但仍可管窥一二。

中国文化传统对企业文化的影响,无疑是一分为二的。

其正面影响主要表现在以下几个方面。

1. 中国文化传统中高度重视人的作用和人际关系思想,有助于中国企业文化"以人为中心"管理特色的形成

在当今知识经济时代,人力资本作用日益凸显,企业只有具备高素质的人才,才能在激烈的竞争中获胜。而在中国几千年的文化传统中,高度重视人的作用,有很多对人的重要性的表述,例如,《尚书》中就有"民惟邦本,本固邦宁"的论述,而《孟子》也告诉我们"天时不如地利,地利不如人和",确实在中国传统社会管理中也是如此实践的。在中

国当今社会，虽然部分企业在管理中有重物轻人的倾向，但对人的重视依然成为管理主流。

2. 中国文化传统中重视道德教化，有助于确立优秀的价值观念来引导职工行为

西方管理思想强调制度管理，而中国文化传统在强调制度管理的同时，更注重道德教化的作用。从孔子开始，中国传统文化一贯强调道德教化的作用，认为人皆有羞耻之心，关键在于要用高尚的道德去教育、感化他们，使人们明白何谓高尚、何谓卑鄙，区分道德和不道德行为。孔子便说过："道之以政，齐之以刑，民免而无耻，道之以德，齐之以礼，有耻且格"。这就是说，用政治和法律来引导人们，用刑罚来整顿人们，人民只是暂时免于罪过，却没有羞耻之心。如果用道德来引导他们，使用礼教来整顿他们，人民便不但具有羞耻之心，而且也乐于服从从而使人心归正。这种重视道德感化的思想，有利于在企业中确立一种优秀价值观，然后用这种优秀价值观念来引导和制约职工的行为，确立良好的企业文化氛围。同样，《孟子》说："得道者多助，失道者寡助"。正因为如此，中国众多企业家都具有这样的共识——先做人，后做事，因为"有德不可敌"。

3. "以义致利"思想有助于形成正确的义利观

对于企业而言，一个重要的文化伦理标准就是如何处理

"义"和"利"之间的关系。近年来，一些中国企业在食品安全方面屡屡发生问题，就是因为没有把握正确的义利观。而中国古代先贤在这方面早就有明确论述，孔子云："不义而富且贵，于我如浮云"，教育人们要"见利思义"，应该做到"义利兼顾"，而不能够"见利忘义"。这种"以义致利"的思想，有助于使企业家更好形成正确的义利观，不仅为社会创造良好的经济价值，而且也充分履行自己的社会责任。

4. 重视"和"的思想

有助于形成企业和谐氛围塑造。"和"的思想，可谓是中国文化传统的核心思想之一，《国语》中89处提到"和"字，《礼记》中有80处提到"和"字。和谐氛围的塑造，历来被中国的管理者所重视。"礼之用，和为贵"。而企业文化倡导企业全体员工"心往一处想，劲往一处使"，这就需要在企业中营造和谐氛围，从理念、制度、行为等各个层面达成共识，这样才能形成合力。然而值得重视的是，中国文化传统并不提倡无原则的和谐，不提倡一团和气，"君子和而不同，小人同而不合"。因此，中国著名企业三一重工集团就提倡"事前拼命吵，事后拼命做"的企业文化，在事前大家充分发表意见，甚至激烈争论，一旦达成共识，就须同心合力去执行。这种"和而不同"、注重执行力的企业文化成为三一集团高速发展的重要因素。

中国文化传统对于企业文化也存在负面影响。

1. 大一统的政治、经济、文化观，对企业成为真正自主经营的独立经济法人不利，也对企业内部员工创新精神的倡导不利

几千年来，中国的文化传统都强调整齐划一，"普天之下，莫非王土，率土之滨，莫非王臣"。这种大一统的政治、经济、文化观念，更重视组织之间的共性而忽视其个性，不利于企业强调自主创新，开展有特色的经营，也不利于当今互联网经济时代下的创新。企业的最好状态，包括员工的最好状态，就是成为一个个有强大活力的鲜活主体，在公开、公平的竞争环境下独立自主地开展经营活动。因此过分强调大一统思想无疑会影响企业发展。

2. 平均主义制约人的进取精神

强调平均主义是中国文化传统的一大特色，不论是"枪打出头鸟"的民间经验或是"不患寡而患不均"的经典论述，都体现出高度的平均主义思想。这必然会给企业家奋力进取带来心理障碍，同时也会造成社会人群中的思维定式，压抑人们的进取精神。

认清文化传统对企业文化的影响，是希望中国企业家在企业战略思维中明白这一点，从而扬长避短，将企业经营得更好。同时也希望政府管理部门要敢于放手，不能用大一统思想去要求每一个经营主体，从而使企业真正具有创新活力。

管理创新

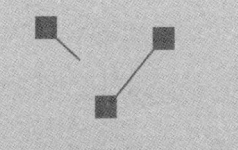

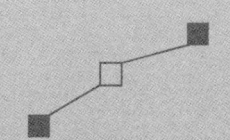

GUAN LI CHUANG XIN

"人单合一"内涵究竟是什么

2017年9月20日,海尔集团在青岛召开了首届"人单合一国际论坛"。我也很荣幸应邀与会,与《竞争大未来》作者哈默教授、量子管理学理论的提出者左哈尔教授一起探讨海尔集团这一创新的管理模式。

那么,究竟什么是"人单合一"?在互联网时代,张瑞敏提出这一创新的管理模式,其意义究竟在哪里?作为管理学教授,我被很多人问过这个问题。

早在2005年9月20日,海尔集团董事局主席、首席执行官张瑞敏首次提出"人单合一"管理模式。12年后,在首届人单合一模式国际论坛上,张瑞敏再次强调,人单合一的内涵就是以价值为核心,让员工的价值体现在用户价值的增值上。这就要求员工从过去的执行者成为创业者、合伙人,同时将一次性交易的顾客转化为全流程参与的用户,并让创客们在实现用户价值的同时,实现自身价值。张瑞敏曾对这一模式做过这样的解释:"人单合一,'人'就是员工,'单'表面是订单,本质是用户资源。表面是把员工和订单连在一起,但订单的本质是用户,包括用户的需求、用户的价值。人单合一,也就是把员工和他应该为用户创造的价值及面对的用户资源'合'在一起。双赢,即员工不是根据上级下达任务完成的多少和好坏拿钱,而是以员工创造的用户价值来体现自己的价值。"

我们可以将"人单合一双赢"拆分为四个关键词,即"人""单""合一",以及"双赢"。

"人"——主体。这里的"人"除了普遍意义的员工之外,还包括了更高层面的组织单元,比如自主经营体、利益共同体和小微公司。小微公司是近几年海尔的又一创新,最早是从海尔各地的工贸公司开始的。他们在变成小微企业后,海尔集团便充分放权,不再干涉其经营战略和薪酬分配等,而是通过网络和其进行互动,用市场方式进行联结,而小微企业则是从自己创造的用户价值,例如安装、维修服务中获得利益。随后,海尔还通过自己的资源平台新孵化出一些小微企业,如"车小微"等,海尔集团的身份随之改变,从以往的业务指令发布者变为平台搭建者、后台服务者等。

"单"——前提。美国著名的管理大师德鲁克曾有一句名言"企业的唯一目的就是创造顾客"。满足用户需求是企业的根本目标,如何了解、挖掘甚至创造用户的需求是人单合一模式的先决条件。而如何创造和获取订单,张瑞敏给出的答案就是"与用户零距离的交互",在了解清楚顾客是谁的前提下,站在顾客的立场去思考,并与用户持续互动,切实了解顾客需求。海尔集团以往"洗红薯洗衣机"和"打酥油洗衣机"等都是经典的案例。

管理创新

"合一"——运作。人单合一就是要将员工与用户市场融为一体，主要依靠的就是海尔"日清体系"的保障，即OEC（Overall Every Control and Clear）管理模式，要求企业的每个经营单元、每个人每天都必须直接面对市场，并为自己的每一项工作行为负责。在日常工作中对自己所完成的事情进行检查和清理，并找到解决办法，提出改进措施，从而实现战略目标。张瑞敏为此提出三个"零"的原则：零库存、零签字和零冗员。

"双赢"——激励。不论是美国心理学家马斯洛的"需求层次理论"，抑或是赫茨伯格的"双因素理论"，都指出企业要关注员工不同层次的需求，对于一直以来追求创新的海尔集团更是如此，也就是如何在新的管理模式下充分实现员工在实现用户价值的同时实现个人价值，即海尔经常所讲的"我的用户我创造，我的增值我分享"。为此，海尔推行了独具特色的薪酬激励制度——"人单酬"制度，将员工与企业的博弈关系更改为员工与自己的博弈，员工的薪水不再由企业支付，而是由客户支付，真正实现了"用户导向"的宗旨。

"人单合一"管理模式逻辑严密，设计精妙，在"互联网+"概念如日中天的当下，不仅为希望转型的企业提供了一种可供参考的模式，而且在我看来较好地解决了当今时代如何激励员工的问题。如今的员工，内心都充满着一种当领导的冲动，谋求自我发展、自我主宰命运的愿望非常强烈。但在以往的企业运行中，员工要实现这个愿望很难，哪怕你

83

管理有道

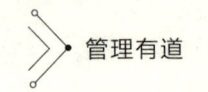

给了很高的薪酬。而"人单合一"管理模式，让员工直接和市场发生联结，自己来创造价值，并从中获取收益，这就在很大程度上帮助员工实现这个愿望，可谓是适应当今新生代员工有效的激励模式。当然，这个模式仍然在不断地完善和发展中，正如李嘉诚所说："鸡蛋，从外打破是食物，从内打破是生命。人生亦如是，从外打破是压力，从内打破是成长。如果你等待着别人从外打破你，那么你注定成为别人的食物，如果你自己从内打破，那么你会发现自己的成长相当于一种重生"。

"人口红利"失去之后中国企业的应对之策

一、经济增长与存在问题

当前,中国经济正在增长中谋求结构转型。长期以来中国经济的高速发展,虽然让我们享受到经济发展所带来的益处,但也越来越暴露出经济结构发展不合理、过度依赖消耗能源、资源和低成本劳动力等因素的弊病。

党的十九大明确提出要进一步推动中国经济、社会全面改革,转变经济增长方式,有效推动我国城镇化建设等措施。从全社会来讲,随着资源、环境、社会发展等矛盾加剧,转型的共识明显提升。从市场需求来看,我国扩大内需的空间仍然较大。随着营业税改征增值税的进一步推进,有利于进一步促进企业投资的扩展。另一方面,居民收入平稳较快增长,有利于全社会消费保持稳定增长。2017年"双十一",阿里巴巴一家1268亿的销售额见证了国人消费实力。下一步,酝酿多年的收入分配体制改革总体方案有望出台,将有助于提高居民收入水平和改善居民收入分配结构,更好地拉动内需。

与此同时,我们也要清醒地看到,中国经济发展还存在诸多不利因素。

（1）企业投资信心和能力有待恢复。近年来，我国劳动力成本大幅上升、企业融资成本居高不下、企业税赋较重等因素不断侵蚀企业利润，使得企业亏损面有所扩大，这不利于企业投资资金积累。

（2）面对全球以制造业数字化、智能化为核心的新一轮工业革命浪潮，我国企业创新能力不足，与欧美发达国家在高技术领域的差距有可能面临被再次拉大的风险。

（3）产业同质化和产能过剩。联合国工业发展组织国际工业研究中心曾经提供一份报告，上海和江苏产业同构率达到 80%，其中制造业同构率达到 95%，一些中西部地区也日益同质化。此外钢铁、水泥、汽车等行业产能严重过剩。

（4）人口过度集中，大城市不堪负担。我国大量人口从中西部流向东部，从中小城市流向大城市尤其是"北上广"。上海自 2000 年以来常住人口增加了 40%，达到 2347.4 万人，其中外来人口占到常住人口的四成。

（5）资源、环境问题集中突显。2000 年以来，在人口增加 10%，GDP 增长两倍的情况下，我国能源消耗增加 1.6 倍，粗钢、有色金属、水泥产量分别增加了 4.6 倍、3.8 倍和 2.6 倍，对环境影响巨大。我国的灰霾覆盖国土面积的三分之一，全国水土流失面积居高不下，已达到国土面积的 37%。

二、"人口红利"的丧失

长期以来，支撑中国经济的一个重要因素是廉价劳动力，即所谓"人口红利。"人口红利是指一国的劳动年龄人口占人口比重较大，抚养率比较低，为国家经济发展创造了有利的人口条件，使整个国家经济呈现高储蓄、高投资和高增长的局面。但是目前中国的人口红利已经出现了拐点，2013年2月22日，国家统计局公布了《2012年国民经济和社会发展统计公报》，其中数据显示：2012年全国15～59岁劳动年龄人口为93727万人，比上年末减少345万人，下降0.6个百分点，而60周岁及以上人口为10390万人，比上年末提高0.59个百分点。这标志着我国劳动年龄人口首次下降而老年人口上升，显示出中国的人口红利已开始出现拐点。中国正面临一个劳动力从过剩到短缺的转折点——"刘易斯拐点"，劳动力的劳动年龄人口数量在2010年至2015年处于峰值，随后便会不断下降，中国经济享受人口红利的时代即将过去。随着"用工荒""涨薪资"以及逐渐"变老"的农民工，中国正面临一个劳动力从过剩到短缺的转折点。这可能对我国经济发展产生的影响有：劳动力转向买方市场，工资水平上升；企业用工成本加大，劳动力成本的比较优势逐渐丧失。未来将是新技术推动社会文明与经济持续发展的"红利"。

　　1979年诺贝尔经济学奖获得者阿瑟·刘易斯，曾经在1954年发表《劳动无限供给条件下的经济发展》论文，提出"二元经济模式"。刘易斯认为：经济发展过程是现代工业部门相对传统农业部门的扩张过程。这一扩张过程将一直持续到把积淀在传统农业部门中的剩余劳动力全部转移干净,直至出现城乡一体化的劳动力市场为止。根据刘易斯的理论,大多数发展中国家都要经历这个二元经济发展过程。其突出特征是农村劳动力的剩余长期为工业化提供低廉的劳动力供给,使劳动者工资增长较慢,雇佣关系不利于劳动者,城乡收入差距持续发生,这个过程将一直持续到劳动力从无限供给变为短缺,增长方式实现质的变化而进入现代经济增长阶段。

俗话说,人无远虑,必有近忧。长期以来,低成本、拼资源、低廉劳动力成为中国企业主要竞争力。而如今这种日子可能一去不复返了。对此,中国企业必须清醒地认清形势,提早采取应对措施。

1. 要正确认识新生代员工,并采取创新性管理措施

当今企业中,80后员工已成为主力,90后员工也陆续加入。这些出生于中国改革开放之后的年轻员工,有着鲜明的特点。他们受过良好教育,知识层次明显提高。伴随着中国的转型,其中许多人的价值观从理想型转为现实型,"宁在宝马车里哭,不在自行车上笑"可谓是典型表达。这些年轻人有创造性、藐视权威,但往往独立性较差。而且因为成长环境比较顺利,心理抗压能力较弱,一不顺心就闹情绪,甚至出现各种极端行为。这就给企业人力资源管理提出新的课题,如何根据这些员工特点,注重其自身价值的实现,随时

关注员工出现的心理和行为倾向并给予有针对性的辅导,是企业人力资源管理人员必须补上的一课。

2. 提升劳动力素质,追求"新人口红利"

今后的中国,廉价劳动力不可能无限供给,掌握一定技能的熟练工也不可能永远满足低工资水平,随着以制造业智能化、数字化为特征的第三次工业革命到来,企业劳动力主体将循着技工—高级技工—专业人才路线发展。这就提醒企业管理者,必须将提升劳动力素质放在重要位置,为此企业的各种培训将日益凸显其重要性,以实现对劳动力从量的需求向质的提升转变。

3. 提高生产效率,随着企业管理理论的不断发展,各种有关组织管理的新方法、新手段不断涌现

企业如果能够根据自身特点,采取柔性化组织、团队组织等新的组织形式,通过改进生产流程和作业组织,以提高生产效率来冲抵人工成本上涨压力,获取竞争优势,是应对人口红利丧失的有效之策。

4. 通过加强研发来提升产品科技含量,增加产品附加值来冲抵成本上涨压力

企业要更进一步走专、精、特、新的思路,将小批量、定制化、个性化贯穿于产品设计思想和服务过程之中,开发新产品,提供新服务,以获得更高利润,冲抵人力及其他各项成本上涨的压力。

5. 进一步激发员工积极性

管理学大师彼得·德鲁克曾说过"组织本身不是目的,而是达到经营绩效和成果的手段"。在人口红利渐失的前提下,通过调整组织结构,做到组织结构扁平化,扩大对员工授权,让一线员工有更大权力,便能如《孙子兵法》中所言"将能而君不御者胜"。

企业经营如逆水行舟,所面临的宏观和微观形势随时都在变化。"兵无常势,水无常形"。企业经营者要做到"知常知变,做实做先",既要通晓企业经营管理的各种理论和知识,并加以很好运用,同时又要有前瞻性的思考和行动,如此才能使企业在市场经济大潮中破浪前行,永续经营。

从"时空之旅现象"看中国文化产业发展之路

一、认识时空之旅

当前，文化产业正在逐步成为我国国民经济的支柱性产业。数据显示，2016年我国文化及相关产业增加值比上年增长13%，我国文化产业增加值占GDP比重首次超过4%。在文化产业蓬勃发展的势头中，上海有一家获得中华人民共和国文化和旅游部"文化产业示范基地"称号的企业及其产品有不俗表现，这就是曾被中央、地方多家媒体报道过、并被中央有关领导多次肯定的多媒体梦幻剧"ERA—时空之旅"。

超级多媒体梦幻剧《时空之旅》，自2005年9月开演以来，在一个固定场地上海马戏城天天演出，逢节假日还经常加演下午场，连演不衰。这样一个剧目，它带给观众的是多元的艺术感受。它是一场以中国杂技为主要核心，融合了歌剧现场电声效果、民乐演奏、原创歌曲、现代舞剧、武术等各项艺术元素，兼容并蓄，巧妙融合的综合性剧目，美妙地呈现在观众面前。而且更加难能可贵的是，它突破了传统艺术的范畴，给艺术的表现形式配上了高科技的武器，它配合有多媒体的影像仪、特大的水幕、巨型的玻璃镜墙等高科技手段，营造出了非常好的多媒体艺术效果，具有强烈的现代感，我把它称之为艺术与技术共融、传统与现代对接。该剧采用非常巧妙的方式，创造了一种全新的艺术表演形式。使人们从中不仅能够看到中国古代文明的结晶：中式的服装、小桥流水、民族音乐，还能够充分体验上海的都市时尚和江南水乡的韵味。当你在剧场里，欣赏精湛的艺术表演的同时，又仿佛置身于时空交错的意境当中。让人遥想昨天、看到今天，然后展望明天。所以"时空之旅"这个名字确实起得非常巧妙，让人们感到置身于特定的时空点上，在展开一次艺术的旅行。时空之旅不仅在艺术上获得很大成功，在经济效益上也有不俗表现，该剧自2005年开演以来，已经连续演出400多场，票房收入6亿多元。该剧已经成为上海的一张名片，达到了"秀一个上海给世界看"的效果。

二、时空之旅成功背后的原因

同样，在研讨中国文化产业的发展中，通过解剖《时空之旅》这个"麻雀"，分析这个案例，透过现象看本质，借鉴管理学的原理、理论，归纳起来，《时空之旅》的成功大概有以下几个因素：

1. 体制创新

当今的企业管理中，按照公司治理理论，提倡要建立现代企业制度，提倡企业的股权结构要多元化，反对"一股独大"，这样能够在出资者之间形成互相制衡，并有利于对经营者的考核和公司的可持续发展。时空之旅公司从组建开始，就很好地做到了体制创新。它充分借鉴了工商企业经营管理的方式，在公司的股权结构上，由上海文广新闻传媒集团、中国对外文化集团公司、上海杂技团/上海马戏城这样三方来联合投资，避免了"一股独大"。因为在现代公司制度中，如果"一股独大"，往往就不能够形成一种互相制约的力量，就容易形成大股东控制，中小股东对它构不成一种制约的因素、制约的力量，就不能够使公司决策合理化，容易使决策完全按照大股东的意思来行事，不利于公司长远发展。目前有很多上市公司存在大股东占用资金，或者产生种种违规的现象，在很大程度上就是一股独大造成的。

时空之旅公司由三方共同组建，使得这样一个依托项目的企业，能够真正地按照市场化的机制进行运作，互相制约，利益制衡，这一点非常重要。而且三个投资方不是简单地投一些钱，而是大家群策群力，发挥各自的优势，共同来把这个公司做好，这就在目前文化类公司中，做到了体制创新。

2. 管理创新

时空之旅公司的管理创新，主要体现在这样几个方面：

第一，建立一支国际化团队。公司聘请了当今世界上最著名的太阳马戏团的首席编导来担任这台节目的总导演。这位编导在歌舞秀的创排上非常有名，有非常好的创意，也获得了很多国际大奖，她还被誉为世界顶级综艺秀的第一编导。时空之旅公司从一开始就把自己的起点和市场定位定得很高，聘请了国际一流的总导演，一流的创意总监、音乐总监，来作为主创团队。还有一点非常重要的是，把这些国际上的著名导演、创作人员请来，和中国本土的编导相结合。我们现在越来越多地引进了很多很著名的"海归"，但是有时候"海归"也会水土不服，使得他难以发挥作用，更不用说纯粹的外国艺术家。所以我觉得时空之旅在这一点上做得非常巧妙，既有国际一流的人才，而且又和中国著名的编导一起合作。这使得整个节目一开始在编创的过程中立意就比较高。

第二，节目创意新颖。如今各级领导、各级政府都高度关注创意和创新问题。创意对于一台节目的成功至关重要。《时空之旅》从2005年5月开始排练，在4个月当中，完成了和中外编导的顺畅磨合，成功地上演了这样一出多媒体梦幻剧。它深入挖掘和利用了中华民族的艺术元素，我们有一句话叫作"只有民族的才是世界的"，每个国家把自己民族的艺术瑰宝拿到世界上去，才能反映出自己的特色。《时空之旅》很好地挖掘了中国民族艺术的元素，但又没有非常简单地把中国民族的旗袍、蓝印花布等这些元素简单地展示，而是综合了杂技节目，并且是经过改造的杂技节目，糅合了非常现代的电声音乐，配合了现场的乐队、具有现代感的舞蹈，穿插了武术表演等各种各样的表演方式，并且运用高科技的手段，各种各样声光化电，来打造具有魔幻色彩的视听效果。

第三，人力资源管理创新。我们的艺术院团数量不少，但是长期以来，很多艺术院团和众多国有企业存在一样的弊病，就是"铁饭碗""大锅饭"，干多干少一个样，干好干坏一个样。很多有才能的演员，青春被耗费掉了，才能被埋没掉了，从年轻时候进剧团一直到退休，没能演出几场戏，浪费和埋没了大量人才。时空之旅公司在管理创新上有一点非常重要，就是打破以往国有文艺院团的固有体制，说得简单一点儿就是打破"铁饭碗"，公司人员能进能出。好的人才，需要的，大胆招聘，待遇优厚；不需要的，也有非常灵活的用工制度，能上能下，根据公司发展的需求，给各类人才提供适合他发展的平台，让每个人都能够人尽其才。还有一点非常重要，就是个人、团队的收入和绩效充分挂钩。以往的很多文艺院团，在节目创作当中，国家拨款，花国家的钱，就比较大方。但是时空之旅公司，它的钱是投资方出的，投资方对于投入产出、市场回报、赢利等有严格的考核，这就迫使它在整个节目的创作、演出当中，既有很大胆的做法，花不菲的代价引入国际化的人才，但是又严格地进行成本核算，这一点在工业企业、服务企业当中，可能并不算稀奇，但是在文艺院团、文化企业当中，还比较少见。

3. 营销创新

中国有一句俗话叫作"好酒不怕巷子深"，现在实行市场经济以后,应该换一句话,叫作"好酒也要勤吆喝"。因为如果好酒很少的话,巷子深一点没有关系,消费者愿意多花一点成本,多走一点路,多花一点时间,来买你这个好酒。但是在文化市场极大丰富的现状下,有各种各样文化类的产品可以供人消费,那么即使一台节目做得非常好,也未必消费者一定就肯来买票,所以说营销创新就显得非常重要。

时空之旅的营销创新具体表现在以下几点:

第一,着眼全球,把营销目标确定为旅游市场和商务市场。

上海正在成为国际的经济中心,每天都有来自世界各地的人到上海来进行商务活动或旅游。这些商务人士,白天公务忙完了以后,晚上希望以文化活动来消遣娱乐,这是一个很大的市场。此外旅游团队和散客也是非常大的一个消费群体。时空之旅公司就以市场化的方式,把国内外市场有机地连接起来。其中有一点做法非常值得其他公司借鉴,就是充分利用网络等现代化营销手段进行有效的营销活动。现在经常使用网络的人数是非常可观的,有一个数字说中国有6亿多网民。如何借助网络这个平台来进行营销工作,对企业而言是一个很大的课题。时空之旅公司,规模并不大,经济实力也不强,从事营销的人员也并不多,但他们具有一种超前意识,很早就关注到了网络这个很好的销售平台。据统计,时空之旅现在的网络销售额,已经占到它整个演出总收入的

管理创新

40%左右。

第二，主动走出去。

在营销当中怎样走出去，拓展周边和海外市场，也是非常重要的一种意识和手段。上海很多企业，以往都以老大自居，不太愿意走出去，这一方面是因为上海人口比较多，消费能力比较强，所以很多企业满足于在上海销售产品；另一方面是缺乏主动意识。时空之旅公司成功的一点就是积极主动走出去，例如它和长三角周边的几十家旅行社签约，这些旅行社组团来上海旅游的时候，就把观赏《时空之旅》作为行程当中的一个固定节目。时空之旅公司还主动与美国、日本、韩国，以及中国的香港、澳门等地联合进行促销，把《时空之旅》列入海外的旅游菜单，并且和各地的有关旅游机构，驻上海的一些代表处主动挂钩，把《时空之旅》推向海外。现在根据统计，时空之旅近半数的观众来自海外和国内其他的地区，尤其是江浙两省。

第三、积极开发衍生产品。

时空之旅公司除了把节目做好，努力营销之外，还积极开发衍生产品。我们到国外去看很多节目，都可以看到它在剧场外面，或者在它的网站上面有很多衍生产品、很多相关纪念品卖，从便宜的、最小的钥匙扣、冰箱贴，一直到比较昂贵的纪念手表等都有涉及。美国拉斯维加斯的表演秀，就有很多衍生产品卖。我曾经到美国去参观过一些快速消费品的企业，比如百威啤酒，看到百威公司有一个展厅，陈列着将近 300 种纪念品，提供给参观的旅游者。现在百威啤酒公司已经成为当地一个著名的工业旅游景点。时空之旅公司也开发了很多衍生产品，像 T 恤、茶杯、CD、DVD 等，当然还有很多发展空间。

三、时空之旅的成功所引发的思考

时空之旅的成功只是一个文化企业成功运作的案例，它的成功，带给文化企业的经营者和政府文化产业管理部门的领导者很多启示。

1. 战略要得当

经营一个文化产品或建设一个文化企业，一个非常重要的因素，就是战略一定要得当。孙子兵法说："谋定而后动"。在做事情、做产品以前，一定要有一个严谨的战略，然后才开始行动。企业只有制订一个合适的战略，才能够避免短视的行为，有一个正确的发展路径，这是所有企业都要考虑、高度重视的。时空之旅公司第一次大规模使用国外创意的制作团队，第一次实现国内跨地区、跨行业的深度合作，这是很不容易的。现在很多跨地区、跨行业的合作，往往并不成功，但是现在时空之旅公司成功了，而且第一次在战略上把国内外市场连接起来运作，这是它当初就想得非常清楚的，所以才说要"谋定而后动"。

2. 文化企业也要经营

文化企业也要用心经营。长期以来，在国家体制的限制下，很多文艺院团、文化单位从事文化产品的生产、经营，有的也冠以企业之名，比如现在很多出版社，也叫某某有限公司，但是它虽有企业之名，却无企业之实。有的说自己是事业单位企业化运作，但没有成为一个完整意义上的企业。它所采用的一些做法，还是按照以前事业单位、政府机构的概念和框架来进行运作。尤其很多文艺作品，演员、编导花了很多工夫和心血，投入了很多成本，搞出了一台戏、一台剧目，一会演、一评奖以后就刀枪入库、马放南山了，它不考虑如何获得经济回报。办企业的话，没有一个人说"我办企业就是准备亏本的"，做生意一定是要赚钱的，所以企业一定要讲究经营，要讲究投入产出，文化企业，同样也要用可持续发展观来经营。

我归纳了一下，很多文化产品，存在以下问题。

产品研发创作时像科幻片。现在有些文化产品在研发创作时，脱离实际，突发奇想，不调查市场需求，不研究消费者心理，不了解大众喜好，满足于文人式的自我欣赏和陶醉。创作人员闭门造车，与文化市场需求相去甚远，违背了企业首先要贴近市场，要摸准消费者脉搏的经营规律。

制作、演出、生产时像武打片。不考虑运营管理规律、不考虑供应链、价值链的组合，不考虑生产成本，不考虑人力资源合理运用，只靠"拳打脚踢"、凭经验行事，能"捏"出一台产品就是成功。

营销推广时像爱情片。扭扭捏捏、羞羞答答，似乎"文人口不言钱"，要做营销却放不下架子，满足于依靠有关部门发指示、下文件，单位包场、行政命令出票，因此有的是"叫好不叫座"，更多的则是"既不叫好，又不叫座"。这是我们现在很多文化产品在运作过程当中的一个通病。

3. 文化产品也要管理

这个管理包括经营、运作等，我们既然承认文化产品是一个"产品"，而不仅仅是一个"作品"，就要让这个"产品"投放市场，获得消费者的认可。文化单位如果认定它是一个企业，就一定要讲究投入产出，投下去的成本要有很好的回报，就要很好地来管理。

首先，要进行精准的产品定位，要知道这个节目到底是做给谁看的。观众是分层次、分地域的，所面向的消费者不一样，节目也会有不同的偏向。观众的年龄、文化层次、地区划分等都有所不同，所以一个节目在创作之初就要考虑好适应哪一类消费者的偏好。

其次，文化产品也要有灵活有效的运营管理。企业要讲究运营管理，文化产品也同样。要考虑成本，要考虑整个的

管理创新

运作流程，要考虑产品质量，要考虑组织架构，要考虑管理制度。报纸上经常曝光，某某电影、电视剧组内部人员打架，或者账目一团糟，因为它没有很好地进行运营管理，做到哪里是哪里。

最后，要实施一系列的营销策略。多年以前我去韩国时曾看到过一个非常有意思的现象：在韩国的首尔机场，机场商店里面专门开辟了一块区域，是用中文命名的，叫作"和《大长今》有关的产品"。当时电视连续剧《大长今》正在热播，所以韩国人的营销意识很好，知道《大长今》在中国很受欢迎，就专门开辟了这样一个《大长今》产品专区。我指导一个韩国的女研究生，她的硕士论文就是《从"韩流"看异国文化认同对消费者购买行为的影响》，现在中国有很多"哈韩"一族，这就是一种异国文化的认同。由于这种认同，也会"爱屋及乌"喜爱他们的商品，很多人去买韩国的音像制品、服装、化妆品等，这就是一种借用文化产品进行的营销。中国也有过这个营销方式，但是没有做好，最早我们看到以前热播的电视剧《编辑部的故事》里面，侯耀华捧进捧出的矿泉壶，这个在营销理论上来讲，就叫作"嵌入式营销"，或者叫"嵌入式广告"。而且我觉得在文化产品的经营中，要严格地区分作品和产品，作品是用来欣赏的，产品是用来卖的，作品可以是孤芳自赏，但产品一定要进入市场，获得消费者的认可。当然文化产品有它的特点，它的"欣赏"和"卖"可能是分不开的。

4. 文化企业经营者也要有商业意识

中国传统文化中,很多论述都是把文化和经济对立起来的。孔子就讲过:"君子喻于义,小人喻于利","君子口不言钱""重义轻利"等,这个当然也没错。现代很多企业经营者,只顾赚钱,不讲究企业的社会责任,应该强调要重义轻利,或者至少是要义利并重,不能够把文化和经济截然地对立起来。很多文化企业的领导都是文化人出身,文化人来经营一个企业、经营一个产品有他的优势,他对文化产品的创作过程、制造过程比较熟悉,跟文化产品的主创人员沟通起来比较容易。但是往往很多文化企业的领导人没有很好地转变角色,经营管理的环节没能够跟上,经营管理的意识不强,这使得很多文化产品多演多赔、少演少赔、不演不赔,因为他没有把文化产品作为一个产品运作起来。现在中国的文化产业正在蓬勃发展,越来越多地走产业化道路,那么文化企业的领导人,就要更多地学习商业经营的本领。

四、从时空之旅看文化产业发展

对中国文化产业的发展,需要更多地关注、处理好八个方面的关系。

第一,社会效益和经济效益之间的关系。毋庸讳言,中国的文化产品,以前只讲社会效益,很少讲经济效益,都把它作为一种舆论宣传的工具,或者说一种宣传载体,这个有中国的国情在里面。但是现在看来,文化相关的很多产品,

管理创新

完全可以产业化。在文化产业当中，大多数产品在符合社会主义大方向的前提下，应该是既要考虑社会效益，同样也要考虑经济效益。很多文化产品，如果不讲经济效益的话，最后演出的场次很少，传播的范围非常有限，那么社会效益恐怕也就无从谈起。

第二，投入与产出的关系。文化产品既要考虑经济效益，那么就有投入和产出的关系，要核算成本，投入多少，要把它赚回来，还要有利润，要注重经济指标。那么具体到文化产品的发展，就是要从围绕评奖转，转变为围绕市场转。评奖当然也要，领导认可也非常重要，但是更多的还是要围绕市场。还有一个非常重要的，就是要以资本为纽带，整合优化文化的资源。中国的文化资源其实非常丰富，但是很多文化资源，由于体制问题、机制问题，没有能够得到充分发挥。人员闲置、设备放空、场地没有充分利用。怎样能够把这种资源，运用管理的方法把它很好地整合起来，这是我们要处理的第二个关系。

第三，文化产业发展与高新技术运用的关系。现代科技发展一日千里，各种新技术层出不穷。文化产业、文化产品，如果不注重运用先进技术的话，它可能和现代观众的审美习惯就会产生很大的距离。就像中国很多百年老店一样，我们大家都知道王麻子剪刀，但是现在破产了。很多百年老店由于没有很好运用科技的力量，产品没有能够做到升级换代，慢慢地被市场所淘汰。文化产品也是同样，如果还是抱着几十年前的传统艺术形式，不加以改良、创新的话，它就会渐渐失去生命力。在这方面，上海拍摄的 3D 影片《霸王别姬》等，为我们树立了很好的典范。

第四，文化产业发展与加快企业化改制的关系。文化产品的运作，需要现代化的文化企业。现代化的文化企业，就一定要按照现代企业制度，来努力进行市场化运作。现在文化类企业有上市公司，上市公司由于监管部门的要求，由于市场的要求，做得比较规范。大量文化类非上市公司，同样也要按照现代企业制度，来进行市场化运作，打破垄断，用新机制、新体制，来打造拳头产品。只有这样，才能够加快中国文化产业的发展。

第五，文化产业发展与培养一支擅经营、懂科技、会管理的人才队伍的关系。中国的文化产业为什么发展不快？中国的很多好作品为什么打不出去？为什么不能有很好的市场表现？一个非常重要的原因是，我们缺乏一支擅经营、懂科技、会管理的人才队伍。懂文化的不会管理，会管理的不懂文化。

第六，文化产业发展与加大市场开发力度的关系。中国的市场具有非常明显的特点，就是城乡二元化。北上广比国外很多大都市都先进、都漂亮。但是到广大农村去看看，不少地方还是非常落后，所以地区、市场的两极分化非常厉害。这个特点，给文化产业留下了很大的发展空间。如何充分了解中国城乡居民各自的文化需求，提供适销对路的文化产品和服务，需要更多地加大市场的开发力度，探索多种经

管理创新

营途径和运作手段，大力推进集约化、系统化、网络化的文化产品和营销服务。

第七，文化产业发展与加速对外开放和交流的关系。文化的发展一定要开放，一定要有对外的交流，如果还是闭关自守，那么中国的文化是得不到健康发展的。所以文化发展一定要有一种多元化的交流，要积极引进国外先进的文化管理方式和生产技术。有很多国家在文化产业发展方面比我们走在前面，我们要注意利用国外优秀的文化资源，并且不断地增强自己的创新能力。

第八，文化产业发展与加速文化体制改革的关系。相比其他产业，中国文化产业的体制改革，包括文化事业单位的改革，是比较滞后的。其中自然有很多原因。但是改革开放走到今天，加快文化体制改革的时机已经趋于成熟。而且从政府的财力来讲，也很难再把很多文艺院团养起来，中央领导也开始提出要加速文化事业的体制改革。那么文化管理体制的改革、文化企事业单位的改革、文化单位人事制度的改革，都应该紧紧地跟上。只有加速进行改革，才能很好地解放文化艺术的生产力。

有一个朋友送我一本书《文化是好生意》，但我在不同场合介绍这本书时常会紧接一句，"好生意要用心做"。尤其是上海，具有极为优秀的文化资源和良好的文化氛围，并集聚了大量优秀人才，在建设"创新型城市"的过程中，文化产业的经营管理创新，需要也应该拿出更大的勇气和行动。

> 管理有道

脆弱的巨人:"泰坦尼克号"为何沉没

媒体报道,美国工业巨头通用电气百年来首次被"剔出"道琼斯指数。这不禁令人诧异。美国股市过去一段时间屡创历史新高,道琼斯指数自 2017 年以来已上涨近 25%,同期,通用电气的股价却下跌近 58%,仅 2018 年就下跌了 25%。作为一家道琼斯指数首批 12 家成分股的公司,通用电气(通用电气)一向和通用汽车(GM)一样,被视为美国制造业的象征。而如今陷入这般境地,不禁令人想起 2009 年美国通用汽车宣告进入破产保护的惨状。

面对此情此景,我们不禁要问:是制造业风光不再,以至于回天乏术,还是企业管理自身的问题?

在我看来,两家"通用"所面临的窘境,更多的是自身问题。

通用汽车当年的问题,虽然有 2008 年金融危机的影响,但这只是压垮通用这只大骆驼的"最后一根稻草",通用汽车其实早就存在"大企业病"。所谓"大企业病",是指当一个企业规模扩大、产业类型增加、管理层次增多以后,在企业内部的运作管理过程中,往往会产生一种信息传递上的阻隔、迟缓甚至失真。众所周知,当一个企业成长到一定规

管理创新

模、扩建机构、开拓市场版图会成为普遍的选择。于是，部门越来越多，机构日显臃肿，内部管理和决策程序越来越复杂，长此以往，就表现为企业内部管理、运作效率低下、对市场反应缓慢、员工士气折损于内部沟通的不畅等，整个企业慢慢丧失竞争优势。如果这个企业又恰好遇上非常激烈的市场竞争，正如当年通用汽车处于一个汽车业群雄逐鹿而油价又恰好步步高企的时代，它内在的问题就会非常明显地暴露出来。

那么，通用电气（GE）又是生了什么病呢？

通用电气作为美国制造业巨头，一直以创新著称。无论是当年爱迪生发明电灯，还是以后电力、军工、航空航天等领域，通用电气一直走在行业前列。尤其是曾有世界第一CEO之称的杰克·韦尔奇在1982年接任通用电气的CEO后，采用无边界组织、六西格玛管理等一系列全新的管理方式，对通用电气进行大规模改造。

难道"大企业病"是企业壮大后的一种必然，真的就难以避免吗？

当然，也有过不少成功避免"大企业病"的案例。比如，曾有一本叫作《谁说大象不能跳舞》的书风靡一时。在书中，作者IBM前领导者郭士纳就介绍了自己带领IBM这家巨型公司完成历史性转型的经历，及其在此期间所历经的艰难与思考。后来我们所熟知的IBM将其个人PC业务卖给联想公司一事，也可以说是IBM为避免"大企业病"、进一步优化

其业务架构而走出的重要一步。

再比如，1981年，当杰克·韦尔奇成为通用电气历史上最年轻的董事长和CEO时，通用电气还没有现在做得那么大，韦尔奇就开始在通用电气内部预防大企业病的出现了。首先，针对企业内人心涣散的问题，他出台了鼓励员工积极创新、敢于提出个人见解的措施。其次，他对通用电气内部一些与主营业务关系不大的部门进行了大胆撤并。从通用电气后来的发展来看，韦尔奇防微杜渐的工作进行得很及时。

既然"大企业病"可以预防，为何通用电气却深陷其中无法自拔呢？

这就是俗话说的"冰冻三尺，非一日之寒"。通用电气自其1908年成立以来，可以说是一路辉煌，也正因如此，一种自以为是的企业文化早已深入其骨髓。实际上，对于通用电气的"大企业病"，来自外界的建言献策从来不缺。但对于通用来讲，一方面是刚愎自用、不可一世，另一方面也是船大难调头。在其眼中，自己的产品也好，经营管理模式也好，都已成为一种想当然的经典。如此一来，它怎么可能对于外部市场的变化做出迅速而积极的反应？

再则，通用电气对于美国式"大汽车文化"的坚持甚至已经到了执迷不悟的地步。不仅难以兼容创新和变革，即便有若干创新举措，也会因整体上的故步自封难以走得长远。土星汽车最终之所以放弃生产廉价的大众化汽车，退回到重新生产SUV的老路，与通用电气整个品牌梯队难以包容这个另类不无关系。这何尝不是一种"大企业病"在作祟呢?

此外,通用电气实行了事业部式的整体组织架构。事业部下设有工厂和很多企业,然后每个品牌皆独立运作。尽管通用电气总部设立了一个庞大的机构凌驾于诸多事业部之上,以期起到协调的作用,但毕竟摊子太大、层次过于庞杂,协调的低效影响了整个决策、沟通、运作机制的效率。

那么,在中国的一些大企业身上是否也潜伏着类似的"大企业病"呢?

作为一个企业管理的研究者,我觉得不少国企身上都不同程度地患有"大企业病"。只是可能由于宏观经济境况较好,或者有政府优惠政策兜底、有丰厚的垄断利润支撑,问题一时还没爆发出来。包括现在一些民企在做大了以后,也开始表现出一种大企业的架势来,有的开始大兴土木,有的也开始机构臃肿,做决策需要层层汇报请示,光是副总裁就有几十个……如此种种,对于一个企业的健康发展而言,都是具有相当大的隐患的。

通用电气的破产保护多多少少给了我们以下启示:首先,我们的大企业、大集团,在观念上一定要有非常清醒的忧患意识。其次,在企业管理上,要针对企业自身有一个持续的、永无止境的改进。市场永远瞬息万变,而在管理上,没有永远的金科玉律,只有最合适的应对、最积极的与时俱进。即便辉煌如通用电气,也要始终高度关注市场的需求和消费者的变化。否则,你只能被市场、被消费者抛弃。如果能有以上几方面的努力,"大企业病"是完全可以避免的。

在剖析通用电气破产的原因时,其"多品牌战略"也常常会被提到。旗下品牌太多、并购后经营不善,是否也是"大企业病"的一种常见表征?

其实,在单一品牌与多品牌之间,绝对不存在一个"谁更好一点"的问题。就拿通用来说,它的问题并非出在过分开拓自己的品牌上,而在于它缺乏必要的运作多品牌的智慧。要驾驭好多品牌战略,尤其是在世界上不同国家、地区,针对不同消费者进行多品牌营销,像通用电气这样"一个模式打遍天下、以不变应万变"迟早会出问题。一方面,每一个品牌要运营成功,都需要独特而鲜明的个性和差异化经营;另一方面,一个品牌,尤其是一个跨国品牌要经营得好,不仅需要对目标市场的政治、经济、社会、文化环境有深刻的了解和洞察,更要对希望并购的企业有高度的把握能力。

近来,我国有不少大型企业对于跨国兼并、利用金融危机的机会到外国去抄底优良资产跃跃欲试。但通用电气多品牌战略的失败是个警示:品牌兼并,绝不是一个只要有足够的资金实力就能解决的问题。

当 MBA 遇上读脸考勤仪

曾经有一次，作者应邀为某大学 MBA 授课。只见学生们进教室后不是先落座，而是纷纷走到讲台边，将食指放在一个仪器状的方盒上停一下，然后再归位。我开始不解此举何故，问过同学后才知原来是指纹考勤，凡到课同学均需按下指纹，方才证明本人今日到校上课。当时我不禁感叹，读书上课居然成了必须验明正身的事情，究竟是"我要读"还是"要我读"啊。而时代发展，科技日进，近日又看到一条信息且"有图有真相"：某校 MBA 上课居然用上了读脸考勤仪！MBA 们来上课，已经不是按指纹，而是必须站在机器前"读脸"，才能证明自己确实来上课了！这大概也是学校方面为防止学生考勤作弊而进一步运用高科技手段的无奈之举吧。

了解管理学发展史的人都知道，管理学的诞生是以 1911 年美国人泰勒所著《科学管理原理》出版为标志，也就是说管理学科迄今为止只有 106 年历史。泰勒的理论和管理方法被后人简称为"泰勒制"，简而言之就是：以科学的手段和方法，来处理企业管理中遇到的一切问题。而考勤仪就是泰勒"科学管理理论"的典型代表。我们可以想象，在没有发明考勤仪之前，如何来管理员工出勤的问题呢？一个可能是根本不考勤全凭自觉。但这似乎明显不太靠谱，存在管理隐患。所以不少企业原来是用人来管理的，数人头后打勾或打叉。但是我们知道，人是有感情、讲关系的，有交情、关系好的人明明迟到了，管事的人也照样打勾，反之则可能无故会得个叉，这自然滋生弊病。于是泰勒发明一个机器，用机器管人，员工一人一卡，上班下班都插入机器打一下，到月底将卡收起一统计，某人本月出勤几天、有否迟到早退一目了然，很有效地避免了人为的弊病。泰勒用此类科学手段实施企业管理，在当时许多采用此种方法的企业里，有效提升了工作效率。

然而，千篇一律用刚性的科学手段和方法来管理企业员工，虽然整齐划一，也能提升效率，但人毕竟不是机器，人是有感情、有思想、有情绪的。泰勒以后的不少管理学家通过研究，证明如果简单地以管理物品的方法来管理活生生的人，也会产生很多问题。例如电影《摩登时代》中卓别林扮演的流水线上的员工，就发生了不管什么情况下只会拧螺丝的病态行为，导致劳动生产率下降、差错率上升，甚至使人的行为产生异化。而且"道高一尺，魔高一丈"，现在针对不同类型的考勤仪已经有了多种对付的办法。

从管理哲学层面上来看，对员工采取何种方法来加以管理，可以归结到对人的本性的根本认识。在中国传统文化中，早就有"性善论"与"性恶论"之辩。体现儒家思想的

管理创新

《三字经》开篇便是:"人之初,性本善。性相近,习相远。"而荀子则明确提出"性恶论",认为人性本恶,所以要用严刑峻法来加以管理。而在管理学理论中,也有对应的"X理论"和"Y理论"。"X理论"认为,员工是好逸恶劳的,只想拿钱不想干活,也不愿服从管理,因此管理者要狠狠地管,严格地管,管得越严格、越彻底越好。而"Y理论"则相反,这一理论指出:员工到一家企业来工作,是愿意和管理者合作并且努力工作的,其关键在于管理者的引导和有效的管理方法。此后又有管理者建构了"超Y理论"。提出"超Y理论"的学者们通过一系列实验,发现用"X理论"管理生产一线工人很有效,而管理研究所的知识型员工则无效。而"Y理论"的运用则效果相反,管理知识型员工很有效,管理一般员工则效果不佳。

记得十多年前我担任复旦大学MBA项目主任时,也发生过一场对MBA学生是否要使用考勤仪的讨论。因为MBA学生,尤其是在职生屡屡发生缺课现象,因此有老师向我提出,是否可在教室门口安装考勤仪让学生打卡,以加强管理。当时我是明确反对的。我认为复旦MBA学生花了那么高的时间、机会、财务成本,过五关斩六将考进来,其中绝大多数同学是真正想来学习,想通过复旦MBA项目的进修提升自我的。虽然不可否认其中有些同学有"混"的想法,但他们会在复旦良好的学习氛围中慢慢被感化,我们不能简单地将管理工人的手段移植过来管理MBA。当时很多

113

老师认同我的观点,而且这种传统被延续下来,因此,复旦MBA迄今为止上课不打卡!

我无意来评判其他院校的管理方式是否妥当。管理,没有最好,只有最合适。但是我想强调的是,任何一种管理方式背后,都一定有某种理念在加以指引和支撑。而透过现象看本质,通过某些管理现象来进行分析和思考,从而为管理实践者提供建议和意见,正是学者责无旁贷的"题中应有之义"。

顶身股与人力资本

2014年暑假,有机会重游山西平遥古城。印象中,除了游客更多一些以外,其他与5年前初游时没什么区别。倒是再次参观那家著名的日升昌票号,使我产生了更多联想与感慨。

早在九十年前,日升昌票号的老板便深谙人力资源的重要性,并将其提升到人力资本的高度,颇为成功地推行了"顶身股"制度。日升昌票号建立初期,就设计了一种与"两权分离"相配套的顶身股制度,即掌柜和伙友以个人劳动力(包括掌柜们的经营管理能力和伙友的个人业绩及贡献等)折成的股俸,享有与银股等量分红的权利。身股只参加分红,不承担商号的亏赔责任。这就是把包括管理者在内的员工为企业经营业绩所付出的劳动力,包括智力和体力,转化为可获取利润的人力资本,使得原来仅靠劳动获取薪水的员工,也在某种程度上成了"领导者",把企业经营视为自己的事情。凡顶了身股者,"莫不殚心竭力,视营业之盛衰,为切己之利害"。身股与银股不同的是不能继承,但有故身股加以补充。对员工曾经为企业做出的贡献也并不忘记,依然有所体现。对有功掌柜和顶身股者去世以后,大掌柜有三次分红，顶五厘以上者享两次，五厘以下者享一次，以酬前劳而恤其家人和后代。对已故职员子弟，才能良好者可以入号当学徒，愿意到别号就业者，亦可以代为介绍和担保。这样的顶端制度设计，将员工和财东的利益紧紧捆绑在一起，能够充分地调动伙友和掌柜的积极性和创造性。掌柜和伙友都尽心竭力把票号的生意做大做强，顶上身股的人因其关乎切身利益，格外关注票号经营状况，顶不上身股的员工，也试图通过自身努力和贡献跻身顶身股者行列。

由此联想到现代企业管理——今天，虽然人力作为资本、人才成为商品等概念或许无人会再有异议，但真正要认识这一点并将其在企业管理中加以实施，却也并非易事。不少企业所有者经常感叹：我对员工不薄，该给的待遇都给了，可以放的权力也放了，但员工做工作还是不用心，总是不能把企业的事视为自己的事情。对此，我觉得除了优化企业文化，对员工加强引导之外，还要从制度设计上寻找原因。人力在当今不仅是一种资源，更已成为一种资本。按照经济学定义，所谓资本就是能产生剩余价值的价值。那么，员工到企业来工作，除了获得当期价值（工资薪金收入）以外，是否还能共享企业运营所产生的其他剩余价值呢？如果回答是否定的，那么员工很可能就会"做一天和尚撞一天钟"，只顾眼前将工作做好，或者说对付过去，因为这样就能拿到当期回报。至于企业的长远发展、未来利益，那又与我何干呢？于是便会频频产生"人到心不到"的现象。

管理创新

但是，企业如果能让员工以某种形式共享发展的长期利益，从企业总体发展中获得收益，那么员工必然会不仅关注当前，同时关注长远；不仅关注局部，同时关注整体。这样才能更有利于他们在工作中发挥主观能动性，以积极主动的主人翁精神来从事工作。日升昌的"顶身股"制度，就正是出于这样的考虑，充分承认员工的经营管理能力和付出的劳动给企业所创造的剩余价值，承认包括智力劳动在内的劳动力也是必不可缺的重要生产要素，并以一定形式加以资本化，将员工的个人利益很好地和企业长远发展捆绑在一起，以更充分地激发员工的劳动积极性和主人翁精神。

以此看来，今天一些企业实行的"经营者持股"等做法，都可以在中国近代企业的管理中找到它的身影。而且九十多年前日升昌票号老板所实施的"顶身股"制度，在对人力资本的认识上还更进一步，因为它并不需要经营者出资，而是纯粹的"管理股"或者"贡献股"，这种胸襟和认识，恐怕如今的不少民营企业家也未必能有吧。

独辟蹊径——中小企业创新之路

一、创新已成为企业发展的重点

变革和创新目前已成为企业关注的热点。随着竞争的日益激烈和中国经济国际化程度的提升,企业如果因循守旧,那就面临被淘汰出局的危险。

纵观时代发展,创新深刻地改变了我们的工作和生活方式。社会进步离不开创新。"创新"一词最早由当代西方著名经济学家熊彼特用于对经济增长动力的分析。1912年,他在《经济发展理论》一书中,首先提出了"创新理论",熊彼特认为,经济增长的动力主要是缘于创新,创新是一种"创造性破坏"。熊彼特指出,新产品、新生产方法、新市场开拓、新资源获取、新材料使用、新组织形式这些都属于创新的范畴。而在管理学领域,通常我们把创新定义为五种:即技术创新、产品创新、商业模式创新、组织创新和管理方式创新。

人们一说起创新,往往都会列举世界著名大企业的成功事例。例如苹果公司如何开发出深受市场欢迎的苹果系列产品,依靠技术创新和产品创新成功拯救了一度陷于困境的企业，使苹果公司一跃而为世界上市值最高的公司。事实也确实如此，实力雄厚的大企业由于在人力、物力、财力等各方面都具有一定优势，在各类创新上都能够做出巨大投入，对于创新过程中所面临的失败也具备较高的承受能力，因此较易在创新活动中做出成果，而且创新一旦成功，也容易在市场上产生巨大反响，被引为标杆。

二、中小企业如何创新

俗话说，"船小掉头快"。所以，中小企业虽然在资金、技术方面可能稍逊一筹，但在企业创新和变革中也具有一定优势。中小企业由于规模较小，组织结构较为简单，产品体系不甚庞大，就使它对于市场情况具有较高的敏感度，同时在管理体制和机制上较容易根据市场反应来及时调整自己的经营策略。而且中小企业由于管理体系较为简单清晰，就较容易避免企业经营中常见的"大企业病"，善于迅速捕捉市场信息，收集消费者反映，并及时体现在企业的生产经营过程中，在创新的决策机制上较为灵敏。如果再具有强烈的创新意识和必要的技术支持，就善于做出创新行为，从而求得更好发展。

中小企业除了需要根据自身能力和经营特点，在技术创新和产品创新等方面做出切实努力之外，在创新方面可着重关注以下三点。

1. 树立创新意识,营造创新文化

现代管理学当中有一句名言:理念决定行为,行为决定命运。这揭示了意识和理念对企业生存的决定性作用。一个企业如果没有坚定的创新理念和良好的创新文化,就不可能在企业中从上到下形成创新氛围,企业的创新行为就会缺乏足够的精神意志,使得创新动力不足,而且即使有了创新的行动有时也往往会半途而废。中小企业要进行创新,首先在意识上要有清醒的认识。在 21 世纪具有知识经济特点的今天,对于创新的重要性无论如何强调都不过分。美国 3M 公司就把创新文化建设提到非常重要的位置。3M 公司于 1902 年创立,靠生产砂纸起家,在 3M 公司长期的发展中,其最成功的经验之一就是公司一直倡导强烈的创新文化。公司规定,科研人员 15% 的工作时间可以自由支配,可以将它用于自己感兴趣的项目研究,而无需向经理报告。目前使用范围极广的 3M 贴纸,就是其一位科研人员利用可自由支配的工作时间研究发明的,为公司创造了很好的效益。

2. 持续不断学习,随时捕捉商机

在企业发展中,打造优秀的学习型组织已成为企业管理的一项重要工作,也正在逐渐成为众多企业家的共识。中小企业在这方面有着独到的优势。相对于大企业而言,中小企业保持着灵活性和敏捷性,因此可以随时随地不断学习,并且将学到的知识迅速贯彻落实到企业行动中去。在市场经济

管理创新

的浪潮中,企业要向市场学习、向消费者学习、向竞争对手学习、向一切可以学习的方面学习,然后经过分析、研究、吸收、消化,根据自己企业的实际情况,有选择地加以运用,从而形成新的技术、新的能力、新的产品,提升企业的竞争力。当年海尔开发出"小小神童"洗衣机、统一集团开发出"统一100"系列产品、康师傅开发出"面霸120"产品等,都是上述学习的结果。而且分析这些创新行为,并不需要很强的资金优势和技术实力,但却需要有很强的学习意识和执行力,把企业在日常经营中捕捉到的市场信息、消费者反馈和来自竞争对手方面的信息等进行充分研究,然后在此基础上创新,给企业创造了很好的经济效益,这些都是中小企业值得借鉴和重视的。

3. 注重管理创新,提升竞争能力

如果说中小企业在技术创新、产品创新方面一般不具备优势的话,那么在管理创新方面,企业不论大小都处于同一起跑线上,都同样可以大有作为。而且中小企业更有条件将管理工作做细做透,有效提升企业效益。在管理学界广受好评的一家中国中小企业"海底捞火锅",就在这方面有着卓越的表现。火锅店的生意并不具备高科技含量,火锅店的员工可能文化素质也不高,但是"海底捞火锅"通过有效管理,做到店里的每个服务员脸上都有着像家人般的微笑,主动为客人提供无微不至的服务,让每个客人都觉得自己是VIP,在品尝"海

底捞火锅"的过程中获得非常满意的体验。火锅店的产品差异并不大,其经营最重要的关键就在于服务,"海底捞"在这方面做出了卓有成效的探索。海底捞的一线员工都拥有较大的自主权,可以根据情况给顾客免单和赠送水果零食。员工职业生涯发展的途径也非常清晰、公平。公司把连锁店的流程和制度做成一个手册,用它来培养和培训员工。不仅如此,在这一规范性基础上,"海底捞"更注重发挥员工的主动性和创造性,公司绝大多数特色服务的原始创意都来自一线员工。例如给披肩发的女生提供头绳,为放在桌边的手机套上塑料袋,为戴眼镜的客人免费提供擦眼睛布,为等候的客人免费提供修指甲、擦鞋等服务。有客人在就餐时不经意地夸了两句店里的爆米花好吃,临走的时候,服务员居然主动给他们赠送了两包爆米花。这些经营管理细微的创新之处,极大地提升了企业竞争能力,为"海底捞"赢得了极佳的口碑,也为公司的经济效益做出了巨大贡献。在竞争惨烈的餐饮业,"海底捞火锅"的翻台率超过一般火锅连锁店一倍。

"创新无止境"。纵观世界上所有大企业发展历史,其由小到大的发展历程中可谓充满着变革和创新,那么,如今尚处于发展和成长阶段的中小企业也必然经历这样的过程。知识经济的发展,信息传播的迅捷,员工素质的提高都为当今企业创新创造了极为有利的条件,只要脚踏实地,锲而不舍,中小企业的变革和创新一定能够独辟蹊径,"小巨人"一定能做出大文章!

管理学如何"本土化"

当前,我国的管理科学正处于从跟踪、模仿走向自主创新的关键时期,创建并繁荣中国特色的管理学,是管理学者义不容辞的责任。

管理学大师彼得·德鲁克对于管理问题曾有一段精辟论述:"管理是关于人类的管理,其任务就是使人与人之间能够协调配合,扬长避短,实现最大的集体效益……因为管理涉及人们在共同事业中的整合问题,所以它是被深深地植根于文化之中。管理者所做的工作内容都是完全一样的,但是他们的工作方式却千差万别。因此,发展中国家的管理者所面临的一个基本挑战就是,如何发现和确定本国的传统、历史与文化中哪些内容可以用来构建管理,确定管理方式。"

随着中国经济的快速发展以及经济全球化背景下中国企业竞争力的不断增强,学术界和实业界日益重视并鼓励在中国背景下进行本土化管理研究。我国的管理科学经过30多年来的发展,有了长足的进步。在解决企业管理实践问题的过程中发展管理学理论,深入而广泛地进行符合中国国情的管理学研究,创建并繁荣中国特色的管理学,促进中国经济和社会全面进步,是中国管理学者的重要责任,也是中国管理学界的历史使命。长期以来，我国学者在促进管理学本土化进程中，一直在不断努力和摸索。复旦大学东方管理研究中心从1997年起，每年召开不同主题的"东方管理学研讨会"，并多次在日本、韩国、德国以及在中国上海等地由世界管理学联盟（IFSAM）主持召开的"世界管理学大会"上，呼吁要创建基于东方文化的东方管理学和中国管理学，获得了中外学者的积极回应。

管理学本土化的研究，在理论上有其必要性，即随着中国经济的高速发展，中国企业管理中涌现出的各种新问题新情况，对于长期以来处于西方管理学绝对话语权下的管理学提出了挑战，管理学理论体系迫切需要创新。而在实践上，基于文化情境的差异，中国企业也迫切需要更贴近中国实际的管理学理论指导。因此，海内外中国学者都意识到建立中国的管理学体系和推进"管理学本土化"进程的必要性和紧迫性。因为现有的管理学难以有效分析东方背景下各类人群的心理与行为，自然也难以有效解决我国企业管理中存在的问题。在这种情况下，我们必须从外衍性管理学向本土化管理学迈进。

1986年，国际学术界出现了Indigenization一词，意即"本土化"。有学者将"本土化"分为两种，即内生性本土化（Endogenous Indigenization）与外衍性本土化（Exogenous Indigenization）。前者是一种发自于内的本土化，其动力是内在的自发性要求；后者是一种发自于外的本土化，是受外力推动的本土化进程。所谓"本土化"，实际上就是一种基于现有理论框架、但所研究对象具有本土特色的具体化内容，包括最高程度的情境化研究，或者是从特殊情境下的现象中总结出新的理论。本土化研究关注本土情境下的新颖问题，或者现有理论框架下未被关注的本土情境下的熟悉问题。

"管理学本土化"，是指在当今的管理学研究中，在不忽略西方管理学方法的前提下，避免不加批判、食洋不化地套用国外的理论、概念、方法及工具，并且从本国的管理现实出发，逐渐建立起中国本土的管理学理论及相关方法，使管理科学能更符合中国的社会现实、文化和历史传统，并更好地指导我国的管理实践。

中国"管理学本土化"的研究主体包括管理学者和管理活动实践者。获得管理真实性的最好途径，是研究者一定程度地参与组织流程。简单的、"蜻蜓点水"式的调查在获得组织真实性方面不可能有效，因为这一过程会在一定程度上遭到破坏，也因为研究者同组织接触的深度有限而受到一定限制。

管理研究的实质，要求管理实践者和研究者两方面都要付出创造性劳动。管理实践者群体需要认识到，"行"胜于"知"，他们所做的一切要比他们经常强调的具有更大的价值。同样，管理研究群体也要认识到，纯科学模式在管理领域并不适用，因为管理研究的核心是对实践的理解、诠释和凝练，管理研究来源于现实生活中的实践活动，在相当程度上，管理学理论是针对某种情境的局部性理论，而只有少量经过长期和大量实践检验的理论，才能成为某种普适性理论。

科学的本质是为了创造出关于研究对象新的规律性知识，以解释和预测研究对象所不断生发出来的新现象，而不是推广某一具体理论或者学科。如果一项研究仅仅解释现象而不能预测趋势，这个研究很可能仅仅停留在讲故事的层面；而如果一项研究不能解释现象而只是做预测，这个研究最多只是运用科学研究的结果而不是推进科学研究。一般来讲，由于社会活动的复杂性和不确定性因素如此之多，社会科学理论和自然科学理论相比，其预测成功的程度没有那么高，其所运用的模型可能会帮助我们识别个人或群体面临的各种不同选择，但预测出他们将来采取哪种选择的概率都很低。

对于实证研究，胡适先生曾提出要"大胆假设，小心求证"，然而，反观当今中国管理学界的一些实证研究，并没有把"小心求证"作为实证研究的精华而给予足够重视。实证研究是一个内涵很丰富的概念，不应该片面局限于问卷调查和统计。在某种情况下，基于行为介入和非行为介入研究之间的真正区别是研究者在说明结果时所作的选择，而不是研究方案自身。人们在不同的研究方案、资料收集或分析方法的细节中可以察觉到，真正实质性的差别来自研究者的意图，而不是来自研究方案或调查现象的性质。研究者所采取的解决问题的途径（如数据的采集和具体方法的运用等）都会对研究结论产生重要影响。中国"管理学本土化"的发展应该避免强调任何一种研究方法而排斥其他研究方法的尝试，以免走入过分工具化的死胡同。

国企员工持股，想说爱你不容易

2016年8月2日，国资委、财政部、证监会印发了《关于国有控股混合所有制企业开展员工持股试点的意见》，并将启动实施试点。

根据"试点意见"，试点企业须是主要处于充分竞争行业和领域的商业类企业，科技类企业优先。"试点意见"规定，只有在关键岗位工作并对公司经营业绩和持续发展有直接或较大影响的科研人员、经营管理人员和业务骨干才可以参加员工持股。这一试点意见的出台，无疑是在当前深化改革过程中的一种积极探索，也是国企为了提升企业活力，应对经济新常态的一种尝试。

国企员工持股，其实并非新鲜事物。自20世纪80年代以来，随着国企改革的不断推进，员工持股问题就不断被提出，一些企业也做了尝试，包括职工持股参与国企改革、企业部分职工收购国有资产或持有企业部分股份等，而这些尝试在调动员工积极性、激发企业活力、建立健全激励约束长效机制等方面都发挥了一定的积极作用。但因为在国家层面，对于国企员工持股一直没有一个明确说法，而且屡屡被打上"国有资产流失"的不良标记，因此国企员工持股一直未获"正名",甚至在一些企业中,员工原来持有的股份被强行平仓,员工持股的做法遭遇中途夭折。

当前,国企改革进入攻坚期,如再不积极推进改革,国企将在市场经济和企业竞争的大潮中衰退,最终有可能丧失竞争能力。而员工持股是国企改革的一个重头戏。相较于其他形式的激励手段,员工持股方式能够更有效地把国企拥有的强大资本和企业人力资本更好地相结合,再融合知识性、创造性、技术性劳动,使企业生产经营更加焕发活力,从而有效提升国企竞争力。这一做法在当前以知识经济为特点的互联网时代尤其必要。在互联网时代,企业经营要素中人的作用日益突出,只要有了"对"的人,很多资源都可以借助互联网加以有效整合、为我所用,而如果员工积极性未能得到充分调动,其他经营措施都很难奏效。随着社会发展,原来千军万马式劳动密集型企业组织中的非技术劳动力重要性日渐式微,而掌握关键知识和技能的企业骨干成为企业成长的关键动力。美国学者保罗·罗莫提出"经济增长四要素"理论,其核心思想就是将知识作为经济增长最重要的要素,而掌握知识的人就是关键。因此,如何进一步激励和整合人力资源,更好地激发员工活力,已成为当前企业竞争中的关键问题。

但是,细读国资委等部门颁发的这个文件,深感其虽用心良苦,但是"想说爱你不容易"。其中既有基本面的考量,又有操作上的问题。

第一,哪些企业可以参与,谁来认定?是国家某个部门,还是某位领导?文件规定,"开展试点企业须是主业处于充分竞争行业和领域的商业类企业,股权结构合理,非公有制资本股东所持股份应达到一定比例"。这其中,哪一类企业是可以被认定为"处于充分竞争行业和领域的商业类企业"?是否除了"两桶油"和电力、通信等明显垄断行业的国企之外,都可以被列入?股权结构怎样才算"合理"?"非公资本股东所持股份应达到一定比例",这个"一定"是多少?凡此种种,皆伸缩性极大,给该项措施的实施带来很大难度。由此,这一试点工作,是否又会成为相关企业"跑部进京"的一项重要工作,或者又成为有关部门行使审批权力并可能借此"寻租"的又一途径?

第二,谁能持股?这恐怕是该项试点工作中最重要的关键之处,也是在操作过程中需要高度谨慎处理的重要一环。如果持股人员范围和持股比例划定不当,不仅获持股份者不一定满意,未持股份者则更不满意。"试点意见"中明确的持股范围是:在公司关键岗位工作并对公司经营业绩和持续发展有直接或较大影响的科研人员、经营管理人员和业务骨干,单一员工持股比例原则上不高于总股本的1%。但"试点意见"同时规定,由中央、地方党委、政府及其部门、机构任命的国有企业领导人不得持股。首先来看领导人这一条。国企领导人,几乎都是由各级党委、政府任命,并非通过市场手段聘任,而且全部是采用"党管干部"的方法,用管公务人员的方法来管企业领导人。主管部门在任命国企领导时,经常在行政干部和国企领导之间实行"无缝切换",某个行政部门的某级干部忽然就成了某家相应级别国企的主要领导,不管其是否具有经营企业的才能。这种对国企领导人管理任命的合理性和有效性早就受到不少诟病。从这个意义上来说,那些顶着董事长、总裁头衔但本质上是行政干部的国企领导,不能持有股份,自有其道理,否则他们既享有行政级别所附加的优厚待遇,又可以拥有股权并享受分红,这不仅会造成不公平,而且让那些仍在机关工作的昔日同事们情何以堪?但是问题来了,之所以要推出国企员工持股制度,其初衷无疑是通过这一制度的实施,激励企业骨干,从而提升国企实力。但是,国企主要领导不能持股,那么,他们对推动员工持股会有积极性吗?看着持有股份的员工分享红利,他们心理会平衡吗?对国企主要领导"用党性驱动",对企业其他骨干员工用真金白银驱动,这种"双轮驱动"能够有效激发包括国企主要领导人在内的骨干群体的积极性吗?此外,就企业治理结构而言,这些按规定不能持股的领导无疑掌握企业的决策权,按照"试点意见"的说法,是最符合"在公司关键岗位工作并对公司经营业绩和持续发展有直接或较大影响的人员",那么,如果这一群体因为不能持股而未受到相应激励,他们会比以前更加认真努力地工作,以至于使企业获得更好盈利,让持股者获得更多经济收益吗?

第三,没有持股的员工积极性是否会受到打击?"试点意见"明确,严防"撒胡椒面"式的激励,国企一般体量都

管理创新

较大,员工数量也较多,但为了防止"撒胡椒面",任何一个试点企业,持有股份的一定是少数甚至是极少数。那么,实施员工持股之后,没有持股的员工们积极性是会提高还是降低?他们会更加努力工作以提升企业绩效,还是抱着"事不关己,高高挂起"的心态,"做一天和尚撞一天钟",甚至袖手旁观,总存有"反正我又没有股份,只拿一份工资,企业盈利好坏与我没太大关系"的想法。而且极端而言,原有职工群体因为有的有股份、有的没有股份而导致分化,没有持股的员工还会在某种程度上产生"幸灾乐祸"的心态,那就从根本上违背本次国企持股试点的初衷了。

改革是一场攻坚战,对于国企而言更是如此。这其中有不少理论问题,例如作为国企出资人的人格化体现,究竟是国家某个部门例如国资委,还是政府委派的企业领导,或是包括全体员工?如果员工也是,那么究竟是全体员工还是部分?在国企改革尤其是员工持股这样敏感的问题上,如何兼顾国家、企业和员工各方利益?如何考虑持股员工和非持股员工之间的平衡以防止产生不良的"负效应"而导致改革不仅没收到实效,反而产生新的矛盾?这都需要加以认真研究。

本次国企员工持股试点牵涉问题众多,有关领导部门也可谓小心翼翼,迈出非常有限的一小步。希望通过试点,能够回答上述这些问题,以从试点中获取经验、发现问题,真正为国企改革做出有效探索。

匠心与创新——读《匠人》《匠人精神》二书有感

一个日本人，20岁开始做寿司，如果到了60岁还在做寿司，旁人会说："啊，他做了这么多年寿司，积累了丰富经验，成为做寿司的先辈，真是值得我们学习啊！"而一个中国人，20岁开始做包子，如果到了60岁还在做包子，旁人则会说："看，这个人一辈子都在做包子，真是没出息。"这则故事虽然可能有点极端，但也说出了中日两国在对待工匠精神上的文化差异。

近日，读了一西一东两本有关工匠精神的书。一本是美国当代著名思想家和社会学家理查德·桑内特所著《匠人》（The Craftsman）；另一本《匠人精神》的作者名为秋山利辉。书的封面上，在他名字前面印着头衔："家具职人、秋山木工代表"。职人，是日语中对于拥有精湛技艺的手工艺者的称呼，以前主要是指传统手工业者，而现在许多掌握着尖端技术的制造业者也可以被称作"职人"。虽然字面上看起来简单，但"职人精神"代表着精益求精、坚韧不拔和守护传统。因此在日本，"职人"是一个令人肃然起敬的称谓，上述做了40年寿司的日本人便可被称为"职人"。秋山木工则是日本高级家具制造商，日本宫内厅、国会议事堂和高级宾馆都向秋山木工定制家具。这两本书相映成趣,《匠人》所论可谓是铸造工匠精神之"道",而《匠人精神》则偏重于阐述培育工匠精神之"术"。

谈起工匠精神,人们往往想到是对技术的精益求精,对产品的精雕细琢、追求完美。这一切固然没错,但是却缺乏对这些表象背后深层次价值观的探究。如果没有价值观主导,仅靠工作内容本身,工匠精神不可能实现,更不可能持久。因此,谈到"工匠精神",其重点不是谈一种技艺,而是谈一种价值观,即当你一旦从事某种事业或职业,是否努力将其做到极致。

《匠人》虽然分成三部分,即"匠人""匠艺""匠艺活动",但重点和精华无疑是在第一部分。作者是一名社会学家和思想家,所以该书首先从社会和人类发展的高度,来论述一种高质量的职业活动是否必然给人类带来正向的发展。作者认为:制造事物的人往往并不理解他们正在做什么,所以人类有必要对此首先进行认真思考,否则就会像潘多拉的魔盒贸然被打开,使人类自食其果。在提出这一有关匠心的哲学性思考之后,作者指出:"每个优秀的匠人,都会展开具体实践和思考方式之间的对话。这种对话慢慢演变成持续的习惯,而这些习惯又在解决问题和发现问题之间确立起一种节奏。"由此可见,匠心更多是从心出发,从观念和思考方式出发,来面对要进行的工作。当这些专注于某项工作的人达到较高境界以后,技术就不再是一种机械性的活动,熟练地掌握技能的人会更完整地去感受和更深入地去思考他们正在做的事情。对此，桑内特同意他转述的美国社会学家米尔斯在其著作《白领：美国的中等阶级》中的一段论述："把自己当成匠人的劳动者专注于工作本身；从工作中得到的满足感本身成为一种回报。"

  工匠精神的培养要从从业者内心出发，由内心深处理念来驱动行为。那么靠什么来塑造或者说形成这样一种理念呢？桑内特告诉我们，"现代世界有两种秘方可以激起人们产生努力做好工作的欲望。一种是道德命令，就是用道德强迫人们为了共同体利益而工作。另外一种秘方则是引发竞争，它假定彼此竞争能够让人们产生把事情做好的欲望，它许诺的并非共同体的利益，而是个人的回报。但纯粹靠这两种方法，并不能激发匠人精益求精的愿望。"这段论述真是一语道破了当今中国缺乏工匠精神的要害所在。人们谈论中国当代社会，跳出的第一个关键词就是"浮躁"。这种浮躁现象的成因，一种就是道德命令的失效，以前主流宣传号召人们为共同体例如企业努力工作，以事业为重。但现在人们发现这类共同体很不可靠，一遇困难首先是员工倒霉。既然如此，那怎能要求从业者用工匠精神，用虔诚的工作态度来把事情做好呢？另一种状况就是盲目鼓励竞争，并且纯粹用个人回报来加以刺激，不问员工努力过程，只看最后数字结果。以至于人们为了相互竞争而不愿合作，为了短期回报而急功近利。诚如桑内特所言："从社会层面来看，有许多原因会造成劳动者丧失责任心。比如说,当一个鼓励人们好好工作的集体目标变得空洞时,人们就会敷衍了事;激烈的竞争也同样会打击劳动者的热情,阻止他们提供优秀的劳动成果。"在这种人心浮躁、六神无主的氛围下,何来工匠精神?难怪总理要为此大声疾呼。

和《匠人》一书相呼应,但内容有所差异的《匠人精神》,则通过一家被称为日本皇室御用家具制造商的小企业"秋山木工"创始人对工匠精神的追求和培养,生动具体地告诉我们:工匠精神是怎样炼成的。这家企业具有45年历史,只有34名员工,年销售额10亿日元,用中国标准来衡量,实在是非常小。但就是这样一家小企业,成为日本制造业中的标杆,连当代日本"经营之神"稻盛和夫,都强烈号召"盛和塾"的塾生要去认真学习。秋山利辉先生在书中明确提出了一个理念:"一流的匠人,人品比技术更重要"。可谓振聋发聩。中国古语曰:欲做事,先做人,与秋山所言不谋而合。正是秉承"人品比技术重要"的理念,秋山先生以45年的育人经验和创造的长达8年的独特人才培养制度,告诉读者工匠精神的来之不易。在该书中,他详细叙述了"一流人才育成的30条法则",现身说法介绍了秋山工厂如何在每天的学习中,不仅磨砺学生们的技术,更注重锤炼他们的人品。因为在秋山先生看来,如果人品达不到一流,无论掌握了多么高超的技术,也不能承认他们是真正的匠人。

秋山先生所创的"一流人才育成的30条法则",有些可能在我们看来过于严苛。例如，学徒必须一律剃光头；禁止使用手机；大家一起做饭，禁止挑食；研修期间禁止谈恋爱等。但是，只有心无旁骛，才能使命必达。人的行为养成比技艺训练重要百倍。因此，我建议中国企业家都抽空看看这本书，虽说不一定要学秋山先生训练员工的具体方法，但其"人品比技术重要"的理念绝对正确，而且员工的行为规范塑造永远不会过时。

当今中国企业，正面临转型和创新。企业家不必将创新看得非常高大上。创新无处不在，无时不在，每个人每时每刻都可以结合所做的每一件事有所创新，但这要有锲而不舍的精神。《大学》中引用商朝开国君主汤刻在澡盆上的誓言曰：苟日新，日日新，又日新。只要我们时时保持创新意识，处处有一点小的创新，每天进步一点点，便能积小胜为大胜，将事情做到极致。而这正是工匠精神的精髓所在。故此，匠心与创新自能贯通，以精益求精的工匠精神来推动创新目标的真正实现。

科学、艺术还是技术——论管理的本质

在多年来的教学过程中,我都会在开始阶段提出一个问题让学生讨论:管理,究竟是一门科学,还是一门艺术?之所以提出这个问题,一方面是希望引导学生对管理的本质有一些深层思考,以更好领悟管理学的内涵,掌握管理的真谛。另一方面,我知道这类问题一定是仁智互见,且难以有一个唯一答案,所以也是希望通过这类问题,能预热课堂气氛,活跃学生思维。每次问题一出,学生回应相当踊跃。认为"管理是一种科学"者,理由是管理学中有很多已经验证的公式、定理、理论,这些经验证的学理性内容,放之四海而皆准,适用于中外一切企业,只要认真执行,便可使企业无往而不胜。而认为"管理是一门艺术"者,指出虽然管理学科确实有一些基础性的概念和理论,但是这就犹如绘画,虽然有透视、比例、光线等基本概念和理论,但是怎样运用却并无一定之规,全凭艺术家自由发挥,且每一位艺术家因为作画时心情、时间、地点、所画内容均不同,所以对于这些基本理论、概念的临场发挥都不同,因而造成的作品效果也大不同。所以每一位管理实践者虽然可能学习同样的管理学理论和方法,但管理实践中所获得的效果却大不一样。

管理有道

若干年以前，读过加拿大麦吉尔大学教授明茨伯格的著作《管理者而非 MBA》，深受启发，也曾多次推荐给 MBA 和 EMBA 同学阅读。明茨伯格教授以批判性眼光，来审视目前在西方已然成熟的 MBA 教育模式，其观点简而言之就是：管理者不是在课堂上教出来的，而是在实践中学出来的。这对于当今如火如荼被誉为"经理人摇篮"的 MBA 教育不啻当头棒喝。虽然作为商学院教授，明茨伯格并没有彻底否定商学院教育的作用，但是他认为现在商学院的教学模式和内容，是将学生一个个都变成了"计算型"和"工具型"经理人，商学院给出的模式都是刻板和标准化的，商学院的教学中忽视了作为管理主体的管理者和作为管理客体的被管理者都是一个个活生生的人，这些活生生的人无论是在实施管理或是在接受管理中都处于某种变化中的不确定状态，而且每一项管理活动的实施也都面临环境和事物性质或多或少的不确定性，因此在管理活动中，虽然有规律可循，有公式可依，有定理可查，但应该更多强调管理活动参与者的社会性和创造性，高度重视管理者在管理过程中对管理理论、方法、运用程度等艺术性运用和创造性发挥，同时也要高度重视被管理者对管理行为的回应与互动。所以明茨伯格教授更加强调管理者对管理理论经过体会、感悟和深刻认知之后的创造性发挥和艺术性运用，而非简单复制和机械性实施。同样的管理学理论，感悟和认知程度不同的两个管理者在实际中运用的效果可能完全不同。原理都能掌握，但技艺明显有高低，因此完成的作品效果也大相径庭。

　　回到本文的命题，每每同学们也会在各抒己见之后反问老师的看法。我的回答是：管理是建立在科学基础之上的一种艺术，并要有技术的支撑。这个回答并不是包罗万象，更非笼而统之，而是我经过反复思考后的结果。管理学是一门科学，有着经过验证的诸多科学内涵，并还有许多概念和理论正在不断被验证，当然也可能被颠覆，这正是管理学者的工作与使命。而管理实践，是建立在这些科学基础之上的一种艺术性的再创造活动，其中既包含管理者在实践过程中的创新，也包含着管理者与被管理者在互动过程中所产生的各种新出现的可能性因素，这些因素会使管理活动产生不确定性，而这也正是管理学要探寻的要义和其魅力所在。因此管理的实施过程中，更需要管理者根据具体情况进行具体分析，根据科学原则进行艺术性创新，并娴熟而高超地运用管理技巧以达到最佳管理效果。从这一点来说，所谓"权变"管理的意义就在于此。

扫码打赏服务员，你愿意吗

近日，国内多家饭店推出一项举措：让服务员佩戴有二维码的胸牌，顾客在用餐过程中如感觉受到了良好服务，就可以用自己的手机扫码服务员胸牌进行打赏。据记者采访报道，晚市，在上海市黄浦区陕西南路上的连锁烧烤店里，店堂广播在向食客们介绍店里的"打赏"制度。"如果您对我们的服务认可，请用手机扫一扫打赏我们的服务员……"记者看到，包括等位接待、点餐、上炭、上菜等在内的所有前厅服务员的右手臂上，都佩戴一块附有二维码的"打赏"牌。此时，一位正在买单的顾客拿起手机对着面前一位服务员的名牌进行扫码，记者看到，一会儿后，通过微信的"面对面付款"功能，4.56元小费直接进入了该服务员的微信账户，不需要按比例向公司缴纳。从2017年下半年开始，服务员"打赏制"开始在上海的一些连锁餐饮品牌中兴起。有人观望，有人跟风。在实行"打赏制"的餐厅中，不仅有连锁烧烤店，还有各种新式中餐厅，或是像海底捞这样的老牌火锅连锁店。2016年8月初刚刚开始实行"打赏制"的西贝莜面村也是跟风者之一。一位中山公园店的工作人员向记者介绍，为了保证制度的推行效果，店里还特别规定了打赏比例,"譬如今天上工的有 10 名服务员,那么至少要有 80% 也就是 8 个人被顾客打赏到,调动我们的服务积极性。"

对于商家让顾客对服务员扫码打赏,消费者感觉不一,仁智互见。那么,你愿意扫码打赏吗?

这种餐饮打赏,其形式具有互联网时代特征,也可能会引起一些年轻消费者的兴趣。但究其本质就是西方小费模式的本土化,也是网络打赏的线下化,同时也可以看成是一种 O2O 互动形式,它会增加消费者与服务员之间的互动,但是,顾客的感觉真的好吗?这确实会增加顾客体验,提升员工的服务水平,从而提升顾客满意度吗?

小费源于 18 世纪英国伦敦,当时酒店的饭桌中间摆着写有:To insure prompt service(保证服务迅速)的碗。顾客将零钱放入碗中,将会得到招待人员迅速而周到的服务。把上面几个英文单词的头一个字母联起来就成了 Tips,译为小费。付小费的方式很多,可以放在菜盘酒杯下,可以塞在服务员手中,也可以将付款后找回的零钱留给服务员做小费。后来,此法逐渐传入世界各地,成为一种感谢招待员或服务员的报酬的习惯方法和礼仪。人们称此为付小费,一般都基于对于服务人员提供优质服务的一种认可。对于小费的认识和作用,因各国文化而异。在世界公认服务一流的日本,无论是餐馆用餐或者坐出租车,都不用付小费,这丝毫不影响其服务质量。但在欧美国家,给服务人员小费就成为必须,甚至餐馆服务员等很多服务行业人员,小费已成为其劳动收人的重要组成部分，因此你如果不付小费，轻则服务人员会给你脸色看，重则甚至会"严重提醒"你。20年前，作者在英国有一次坐出租车忘了付小费，就遭遇司机直接索要。

约100年前，西方出现过一次反小费浪潮，当时的反小费协会认为给小费是一种不良风气，号召人们加以抵制，开始效果甚微，原因是很多侍者以小费为生。第一次世界大战以后，餐馆、旅馆开始实行"10%服务费"制度，将价格提高10%，作为服务人员的固定工资。但尽管收入已有保障，然而新规定还是难以战胜老习惯，对服务上乘者，顾客依旧甘心解囊，给小费的风气始终没有根绝。

回到中国。虽然在中国古代已有给"赏钱"的习惯，赏赐对象有店小二、奴仆、书童、小厮、跟班等，就像我们在《水浒传》等小说中常见，"客官酒足饭饱之后，摸出一锭银子往桌上一扔，说声不用找了"，那多出的银子就是给服务人员的赏钱。但是，1949年以后，小费制度多年处于灭绝状态，在改革开放以前，你如果付给服务员小费，甚至会被认为是对他人格的侮辱。但在改革开放之后很多观念发生了变化，而且随着西风东渐，西方的一些做法在我国大陆逐渐流行开来，小费制度便是如此，而且很多服务场所将"服务费"明确列入收费项目中，一般为10%～15%。这就是小费的公开化和制度化。如今开展扫码付费的都不是那些明确收服务费的星级宾馆，而多为社会饭店等服务场所，且并非当面给钱，而是借助互联网手段，又适应中国文化委婉含蓄的特点，也可谓与时俱进。

　　作者以为，顾客去餐馆等场所消费，优良服务理所应当，而并非需要额外支付小费才可获得。如果服务物超所值，在完全自愿情境下给服务人员一些小费似无可厚非。但如果店堂中不断广播提示，商家还给服务员规定每天打赏比例，服务员也在服务过程中对顾客使用各种方式暗示或者明示，造成一种迫使顾客打赏的"抢逼围"的氛围，这在当前中国情境下，就会产生很大问题。管理学科中的组织行为学告诉我们，正向激励要间断性实施，否则不仅其边际效用会递减，造成给服务员几块钱打赏"不够刺激"，而且很可能会发生你不打赏他就会降低服务质量的结果。正如澳大利亚麦考瑞大学经济学教授戴维·思罗比斯在《经济学与文化》一书中指出的那样，"经济人都在一定的文化环境中生存、呼吸和决策，文化环境对于形成他们的偏好和规范他们的行为都有影响，这是显而易见的"。在中国，如果打赏成为服务场所的一种约定俗成而"蔚然成风"，就有可能将表彰优秀服务的"激励因素"变成了"保健因素"，不仅会使整个服务过程的交易成本增加，而且会使服务变味，甚至难免影响服务人员的价值观。

管理有道

"赏樱热"带来的体验经济思考

初春三月,莺飞草长。一年一度的赏樱季开启了时光节奏,不少市民游心萌动,酝酿着观赏灿烂樱花,放飞春天心情。同时沪上各大公园也纷纷做好准备,筹划应对赏樱大客流。2015年,上海顾村公园历时约一个月的樱花节,共接待了中外游客150多万人次,日均游客量创纪录地达到5万多人。此后每年连续增长,2018年达到约190万人次。不仅上海,全国各地每到赏樱时节,一些以樱花著名的景点,无不熙熙攘攘,人来人往。就连本应清净安宁的著名学府武汉大学,也因为校内遍植樱花,尽管在樱花季要登记预约,但依然阻挡不住赏花人流,以至于学校方面每每担心教学秩序受到影响。更有不少国人早早预订机票,准备远赴东瀛日本,以一览东洋的樱花胜景。

赏樱成为一项热门活动,也就是近几年的事情。究其原因,是因为随着人们生活水平提高,物质方面需求得到基本满足之后,文化精神方面的需求开始呈现出明显增长的态势,其中重要的一个部分就是旅游休闲活动。休闲研究的鼻祖凡勃伦把休闲定义为"非生产性的时间消费",这说明当人们不必将时间一定要用在为生计而奔波之时,就有了闲暇时间，产生了休闲活动的可能和需求。依照国际经验，当人均 GDP 达到 3000 美元的时候，包括旅游休闲在内的文化消费就会快速增长，当接近或超过 5000 美元的时候，文化消费则会出现井喷。我国人均 GDP 在 2012 年就超过 6000 美元，但文化类消费市场并未出现爆发式增长，其中固然有多方面原因，但也说明注重体验的文化类休闲消费活动还有很大提升空间。

赏樱活动，包括一切旅游休闲活动在内，从经济学角度来看，都是一种体验型经济活动。人类社会自有经济活动以来，经济形态走过了这样几个阶段：首先是有了产品经济和商品经济，各行业人们生产出产品来满足自身需求和将多余产品进行交换。第二阶段是服务经济，即依托于实体商品而产生的服务，当实体商品已经供大于求、产能过剩、市场竞争日益激烈时，服务经济的作用就日益凸显，而且企业在服务经济中所获利润往往超过实体商品本身。体验经济从本质而言，就是服务经济的一种，是企业以服务为舞台，以商品为载体，以消费者为中心，创造能够使消费者参与、值得消费者回忆的活动。它在向顾客提供商品、服务等全方位供应过程中，高度重视客户综合性、立体性的体验，以使顾客获得充分的满意度。在体验经济活动中，主体和客体进行全方位的交流互动，在人与人、人与物的全方位互动中，使人们获得愉悦的感受。在整个体验过程中，商品是有形的，服务是无形的，体验是独特的、综合的，而且是令人难忘的。相比于一般的商品和服务，体验更注重消费者内心，强调顾客的参与和主观感受。具体而言，体验可以细分为感官体验、情感体验、思考体验、行动体验等多种，而每一种体验都能使消费者产生不同的感受，从而获得深层次的满足。

30年前，著名未来学家托夫勒曾经做出"制造业－服务业－体验业"这种独特的产业演进划分，用管理学上经常讲的马斯洛需求层次理论来看，制造业满足的是一般化的生存需要，服务业满足的是高一层次的发展需要，而体验业则是满足自我实现的需要。制造业是以商品制造为主，与之对应的消费行为强调功能性与效率；服务业在生产行为上强调分工及产品功能，与之对应的消费行为则以服务为导向，关注顾客的一般性感受；而体验业与顾客参与密不可分，它是以提升服务为首要宗旨，并以商品为道具，对应的消费行为则追求感性与情境的诉求，创造值得消费者回忆的活动，并注重人与商品、服务的互动。开展体验经济活动需要企业高度动态性地关注顾客的感受，并且将创意融入提供产品和服务的全过程，从各方面调动消费者的兴趣和参与欲望。这种体验经济一方面可以体现在产品开发中，例如小米手机，利用互联网技术，和顾客建立有效互动，无缝链接。小米公司高度关注使用者的反馈，随时将使用者的意见和建议体现在新产品开发中，让消费者有很强的参与感、认同感和成就感，从而积累了大量的"米粉"，形成了数量巨大的顾客群体。这是制造业、服务业和体验业的有机联动，企业从中获得预期的利润，消费者也从与企业的互动、经验分享和产品创新整个过程中获得良好的体验。

现代社会是一个感性的社会，处处充满着体验的需求。体验作为一种新的经济提供物，与其他经济提供物的区别就是它与消费者之间产生了情感互动。谈到体验经济，最突出的例子莫过于迪士尼。随着上海迪士尼的开园，讨论这个案例更有现实意义。米老鼠和唐老鸭的故事，其实线索十分简单。但围绕着这两个可爱的虚拟小动物，衍生出了多少故事？创造出了多少财富？创建于1923年的华特·迪士尼公司，起步于动画电影，经过90多年的发展，如今已俨然成为一个涵盖影视娱乐、媒体网络、主题乐园度假区等诸多领域的商业王国。1955年，洛杉矶迪士尼乐园的开幕，标志着迪士尼形成了"电影—电视电台—衍生产品—迪士尼乐园"的完整产业链。以处于整条产业链下方的迪士尼主题乐园度假区与迪士尼消费品为例，迪士尼在全球拥有6个度假区（包括上海迪士尼度假区）、11个主题乐园，还有两艘巨型邮轮—迪士尼海上巡航线，还有ESPNZone主题餐馆、NHL冰球队"巨鸭队"。作为全球最大的品牌消费品授权商，迪士尼在全球授权推出包括服装、家居装饰、玩具、食品、文具、出版、电子产品等7大类消费品。全世界不同国家、不同文化、不同肤色的游客，当你进入迪士尼乐园，都可以遵循一个主题——欢乐，参与其中进行深度体验，用你的感觉器官全方位立体感受这种欢乐。迪士尼运用各种先进科技手段，将声、光、化、电等科学技术运用在园区的各种游乐活动中，给你一个又一个惊喜和想象，让你沉浸其中而获得极为丰富的体验和精神享受。不仅在乐园中吃喝玩乐，沉浸于迪士尼文化之中，在园外还有着全世界3000多家授权经销商所经营的10万多种与迪士尼卡通形象有关的商品，继续丰富和延续着这些游客的体验。而就在人们获得丰富体验和巨大享受的过程中，迪士尼公司也获得了极为可观的利润。立足于完整的产业链，迪士尼以"娱乐循环"的概念，构建出一套独有的赢利模式——"轮次收入模式"，也称作"利润乘数模式"。在这一模式运转之下，迪士尼以动画为源头产品，将影视娱乐、主题公园、消费产品等不同产业环节演变成一条环环相扣的财富生产链。

回到诸如赏樱等具体活动中来，如何将这类文化色彩浓厚的活动，做到文化与经济相结合，从体验经济角度将其做得更好，让消费者从物质到精神，从观赏到参与，其中有着很大提升空间。其核心就是：不能就文化论文化，也不能就经济而论经济。文化活动与经济运作互相交融，文化活动可以很好经营，经济运作中同样有着文化元素。在体验成分极为重要的赏樱等行为中，一定要深入研究消费者需求。当今时代，消费者需求越来越呈现出个性化倾向，在体验性活动中，这种个性化需求表现得更加强烈，因此，体验活动提供者要本着创意创新的原则，将所有可做的"文章"做足。不仅让人们看了绚丽多彩的樱花，而且能通过赏樱活动，了解樱花的来历、品种、樱花树种植知识，有关樱花的诸多故事，还能听到有关樱花的各国歌曲，品尝到各类相关食品，购买到丰富多彩的纪念品。使赏樱活动不仅是单向的观赏，还要将整个活动过程设计得充满参与感、体验感，使游客能通过赏樱休闲获得综合性的深层次体验，不仅放松了身心，而且有着感情和心灵等文化精神层面的收获。而活动过程的提供方，也从中获得很好的经济效益。可以说，体验经济的横空出世，对作为经济提供物供应方的企业提出了更高要求，也从一个全新视角为当前正在进行的供给侧改革提出了新的思路。

> 管理有道

随性而有创意——互联网时代的工作特点

当今世界,毫无疑问已进入互联网时代。近年每逢春节,依托于互联网技术的微信红包,给传统色彩浓厚的春节假期增添了与时俱进的拜年乐趣。而现在如果谁还在用曾经盛极一时的短信给朋友拜年,无疑会被认为"OUT"。现今社会中,不少人一刻离不开网络,假如没有网络,他们会手足无措,不知有何事可干。不少组织同样也一刻不能离开网络,例如银行、证券公司、服务业甚至制造业,如果没有网络也会顷刻瘫痪。诚如撰写了《信息时代一经济、社会与文化》等著名互联网著作的美国南加州大学传播学院教授曼纽尔·卡斯特尔所说:"网络的形式,将成为贯穿一切事物的形式,正如工业组织的形式是工业社会内贯穿一切的形式一样"。论述互联网的名著《失控》一书的作者凯文·凯利也指出:"互联网重新定义了人们自身存在的目的。"

互联网对现时代的影响之大,正在日益彰显。其作用可从三个方面来认识。

一、人——天涯咫尺

中国有句古话"远在天边,近在眼前"。世界那么大,不少人远隔千里，遥相思念。如今有了网络，千里相思已不再是问题。远在美国留学的儿女，可以每天借助互联网和爸妈视频聊天，一颦一笑，清晰可见。异地的恋人，也可借助互联网倾诉衷肠，谈情说爱。

二、事——互通互联

这个世界上每天都在发生各种事件。如果没有网络，这些事件都是独立而互不相干的，也无法得到广泛有效的传播。而如今借助于网络，任何一个事件都有可能产生"蝴蝶效应"一样的巨大影响。无论是青岛"天价虾"事件，还是"世界那么大，我想去看看"的最牛辞职信，都得益于网络传播，从而由一个原本意义上的小事成为传遍天下的热点事件。

三、物——踪迹可寻

在互联网基础上打造的物联网，使许多本来难觅踪影的物品有迹可循。快递包裹可实时追踪，驰骋天涯的汽车亦可即刻定位。

由于互联网的诸多特点，使得人们的工作形态也在发生变化。借助于互联网日新月异的技术手段，今天，那些可以在任何自己喜欢的地方和时间工作的人们，正描绘出新时代的工作样态。在美国，不在特定场所工作的人们，已经占到整个美国工作人口的三分之一，并且每年以百分之十的速度增长,工作形态正在从千军万马转为"蚂蚁雄兵"。在许多组织中,地处四面八方的员工不必刻意遵循朝九晚五的工作时间,坐着不同的交通工具,赶到一个屋顶下,坐在一起工作。而那些仍然在传统工作场所下共同作业的员工,即便坐在一个办公楼里,也更多是利用网络来传递信息,进行沟通,或制作各种文件。在网络条件下,工作正在变得越来越随性而不必正襟危坐,人间对话更多变成了人机对话,各种信息在网络上游走,各种关系在网络中建立,各种生意在网络上的社群中谈成。网络技术导致沟通出现彻底的转变,人们进行沟通的自主权和选择权大大增强。沟通的转变和对网络的需求,共同创造了一种新的组织结构乃至社会结构。在基于网络组织的工作状态下,威权型领导的作用正在退化,在一个相应的组织中,原来领导者因为所处高位,各种相关信息都比员工知道得多、知道得早,在此基础上形成一种信息优势,并进而成为威权型领导者的重要优势。而今,这种依赖信息优势的权威和影响力正在退去。借助于网络,今天的一个普通员工,对于某个问题完全可能比领导懂得更多,知道得更早,甚至理解得更透彻,因而也可能更好地提出相关对策,从而在组织中获得创意和创新方面的优势。

互联网时代这种日益彰显的随性而有创意的工作形态,对组织管理者提出了更高要求。一方面,组织管理者要更好地拥抱互联网,更好地理解互联网,勇于接受互联网"去中心化"的特点,从新的角度尽快提升自己在网络条件下的领导能力；另一方面，要积极转变领导方式，尽快从威权型领导转化为愿景型领导，更多地用组织发展愿景和组织良好生态来激励和凝聚互联网环境下成长起来的一代年轻人，适度容忍年轻人某些有违传统工作方式的做法，体现出更好的包容性，注重用各种形式激发员工创新热情，从而为组织创建更好的绩效。

永远从 0 到 1

《从 0 到 1——开启商业与未来的秘密》这本书,我是先买了电子书,出差途中在飞机上认真读了一遍,阅读过程中就被书中那些直入心扉的真知灼见所吸引和折服。但读后总觉意犹未尽,而且想着要就这本书写点什么,于是又去买了纸质书读起了第二遍,仍觉收获颇丰。而且该书确实读两遍还觉不够。诚如《黑天鹅》一书作者纳西姆·尼古拉斯·塔勒布(Nassim Nicholas Taleb)所言,"当一个有冒险精神的人写书了,务必要读一读。如果作者是彼得·蒂尔,就要读两遍。但是保险起见,请看三遍,因为《从 0 到 1》绝对是经典之作。"我们所熟悉的脸谱网(Facebook)创始人马克·扎格伯格(Mark Zuckerberg)也认为,"《从 0 到 1》传达了前所未见、让人为之一振的新观念,教导人们如何在世界上创造价值"。

虽然本书主要是从商业创新方面来展开论述,但因其旁征博引,信息量巨大,且涉及面相当广泛,所以我感觉正如其书名那样,可以从商业和人生未来两个方面来对本书加以解读和思考。

创新和创业,可谓是当今中国最热的一组词汇。从政府

管理创新

到企业，从管理者到大学生，无不把创新和创业说在嘴上、写在纸上、挂在墙上，至于有多少落实到行动上，还真是不敢说。大学中还有不少教科书和课程言之凿凿在讲授创新和创业的"学问"和"技能"。然而，创新的知识和能力真的能够在课堂上学到吗？对这一点其实是大可存疑的。如果缺乏内心的冲动和高度的心理承受力，创新创业能够付诸行动吗？虽然本书也是源于作者彼得·蒂尔2012年在斯坦福大学所教授的一门关于创业的课程，但是他明确指出："创业秘籍并不存在，因为任何创新都是新颖独特的，任何权威都不可能具体规定如何创新。成功人士总能在意想不到的地方发现价值，他们遵循的是基本原则，而非秘籍"。因此如果说在大学中能够学习一些创新创业的课程，其价值更在于让学生了解到一些基本原则，以便在创新创业过程中少犯低级错误。

无论在商业发展过程中，还是在人生征途上，有追求的人总是希望不断进步，以获得更大发展。而且人类社会如果没有不断的进步和发展，也就没有未来。《从0到1》告诉我们，进步通常会有两种形式，一种是水平形式的进步，即采用演绎方法，照搬已取得成就的经验，从个别到普遍，直接从1跨越到n。这相对而言比较简单，因为路径比较清晰，未来容易确定。而另一种垂直进步，意思是重新探索新的道路——是从0到1的进步。这用互联网语言而言就是"迭代"，用管理学语言就是"颠覆性创新"，用中国著名企业家张瑞敏的语言就是"自以为非",这就颇为不易,它不仅需要智慧和冒险精神,而且最困难的是要有颠覆自我的决心。诺基亚为什么会凋零,柯达为什么会破产,这都是因为它们当年做得太大太好,未能在潮头上清醒地认清形势,看出有重新自我"清零"的必要,主观上又难以割舍时下的辉煌,完全缺乏危机意识和前瞻性。《从0到1》就告诉我们,"在大组织中发展新事物很难,官僚阶层行动迟缓,效率低下,既得利益者不愿意冒险。在那些功能极端失调的组织中,要想获得晋升机会,告诉别人你在工作比挽起袖子做事更重要。"这就完全印证了管理学所说的"大企业病",因为组织规模巨大,层级复杂,沟通低效,反应迟缓,组织内部互相牵制,而且因为组织具备一定规模和地位优势,躺在过往的"1"上面自我陶醉,未能尽早实现从0—1的进步,最后从天上掉到地下。

至于如何从0到1,作者基于其创建互联网支付公司PayPal和投资Facebook的成功经验,提出了不少值得我们思考的真知灼见。例如,创业中要循序渐进;保持精简和灵活性;在改进中竞争。同时他也鼓励创业者:大胆尝试胜过平庸保守;在尝试过程中要做好计划。

当今世界,竞争无比激烈,企业如何在一片红海中胜出,获得竞争优势,是每一个企业家最关心的问题。作者以谷歌为例告诉人们:要想将企业从每日的生存竞赛中解脱出来,唯一的方法就是获取垄断利润。必须注意的是,这里的垄

管理创新

断，并非依靠行政权力或是政府支持所获得的某种特许权，而是"在经济理论之外的现实世界中，每个企业的成功恰恰就是因为它做了其他企业不能做的事。"我曾经给学生上课时讲过：俄国大文豪列夫·托尔斯泰在其名著《安娜·卡列尼娜》中开篇就写到，"幸福的家庭都是相似的，不幸的家庭各有各的不幸"。但是我认为企业发展过程中的情况可能相反：成功的企业各有各的高招，而失败的企业则几乎都犯了同样的毛病。《从0到1》作者的看法和我不谋而合，他明确提出："企业成功的原因各有不同，每个垄断企业都是靠解决一个独一无二的问题获得垄断地位，而企业失败的原因却相同，它们都无法逃脱竞争。"

在商业竞争中能够赢得独特优势，成为彼得·蒂尔眼中的垄断企业，无疑是每一个企业家梦寐以求的事情。但是知易行难，如何才能做到这一点呢？对此，《从0到1》总结了几个最关键特点，即：专利技术、网络效应、规模经济以及品牌优势。

所谓专利技术，从商业技术角度而言，就是你所拥有的技术要比与它最相近的替代品好上10倍，才能拥有真正的垄断优势，就可以避开竞争。而要取得10倍优势，就需要创造全新的事物。如果你在一个领域创造了前所未有的有价值事物，公司价值就会无限增长。谷歌是如此，亚马逊是如此，苹果更是如此。

网络效应能使一项产品随着越来越多的人使用变得更加

有用。虽然Facebook的创始人扎克伯格的初衷,只是为了让他哈佛的同班同学注册以便更好建立联系,而不是吸引全地球人,但如今已经在全世界有超过10亿的活跃用户,从而极大地凸显其商业价值。

规模效应的作用在于,开发一项新产品,尤其是比替代品好上10倍的新产品,成本会很高,因此需要更高的销量来分摊。那些聚焦于小众领域的创新很难形成规模效应,因而企业也很难形成商业意义上的垄断优势。

品牌优势。多年以前,管理学界都流传一个故事,那就是可口可乐公司的总裁曾经说过,如果一把大火在一夜之间将可乐公司的厂房、设备都烧毁了,第二天全世界的银行家都会争相给可口可乐公司贷款,因为可口可乐的品牌还在。确实如此,品牌作为一种无形资产,其作用绝对不可小觑。当今世界最强势的科技品牌无疑是苹果公司,象iPhone和MacBook那样的产品,具有吸引人的外观、一流的用料、时尚的简约设计、精心控制的用户体验、无所不在的广告、优质产品该有的价格和乔布斯的个人魅力,这些都使得苹果公司打造出了属于自己的独特强势品牌,助推苹果产品横扫全世界。这一点对中国企业尤其具有启示,我们的小米、支付宝等在全世界的用户还很有限,缺乏品牌的强势是一个重要原因。

作为创新创业的成功者,《从0到1》的作者彼得·蒂尔一再告诫人们:企业家往往低估了循序渐进发展市场的意义,

管理创新

其实市场需要有纪律地逐步扩大。最成功的公司会限制在一个特定的利基市场里占据主导，然后扩展到相近市场。这对于处于创新创业浪潮中的中国企业家，是极为重要的忠告。由小到大，做强然后做大，更是企业成功的一个基本原则。

从 0 到 1 的含义，不仅限于创新创业领域，人生又何尝不是如此。管理学有个概念叫作零基思维，说的就是每一个企业家、管理者乃至每一个人，都要将自己不断清零，具备自我否定的反省意识，只有这样才能不断学到新知识，掌握新本领，取得新进步。就像张瑞敏所说的那样，要"自以为非"而不是"自以为是"，这样才能成为事业和人生赢家。由此而言，《从 0 到 1》从哲学层面也给了我们不少重要启示，值得我们深思。

>> 管理有道

勇于打破对西方管理学的迷思

研究管理学的学者都知道,在管理学界有一个世界性盛会,那就是美国管理学年会,英文名字叫作 Academy of Management,简称(AOM)。为什么美国管理学的年会成为管理学界的世界性盛会?这就要追溯到管理学的源头。1911年,有一个名叫泰勒(Tyler)的美国人,出版了一本书,书名叫作《科学管理原理》,泰勒以自己长期企业工作中所积累的丰富管理经验,在书中提出了一系列颇具理论色彩的管理概念,自此开启了管理科学的先河,现代意义上的管理科学从那时起诞生了,泰勒也被尊称为"管理之父"。自那以后的 100 多年来,一方面由于美国经济的日益强大和美国企业的高速发展,另一方面由于美国管理学家对于管理学理论的孜孜以求和不断创新,长期以来,美国成为世界管理学的中心。

上述现象的存在,固然有其历史原因和现实的合理性,但也并非一成不变。而且到了今天,我们应该勇于打破对于西方管理学的迷思,更加全面客观地来认识管理学的构成及其走向。这是因为,一方面,当代世界形势变化多端,文化更加多元,各类组织所面临的形势更为纷繁复杂。单单依靠

管理创新

西方社会环境下所建构的管理学，并不能够解决所有社会中的组织管理问题，包括中国企业在内的很多东方企业已经深受"食洋不化"之苦。另一方面，西方管理学理论甚至也不能完全解决西方企业自身很多管理问题。历史实践证明，过去被我们奉为经典、管理学各专业教师在课堂上从各个角度反复推介的西方企业，如美国通用汽车公司、美林证券、花旗银行等曾经有着耀人光环的公司，在2008年前后的金融危机中纷纷陷入困境，有的甚至面临破产！这也给我们敲响了警钟。这些名声如雷贯耳的企业，无一不是完全按照所谓西方最标准、最经典的管理学理论来进行管理的，被尊崇为企业管理的样板，其管理模式曾被全球众多企业争相仿效。但如今这些公司曾经发生的管理困境也非常清晰地证明：西方管理学理论并非完美无缺。

　　管理学在中国的发展，与改革开放同步，已走过30多年发展历程。在这一过程中，我们主要偏重于学习和运用西方管理学的理论、概念、方法与工具，进而对我国的各种管理现象进行诠释，这有其合理性和必要性，可称之为"模仿式创新"的前奏，即主要是模仿。但是，如今也到了改变西方管理学理论一统天下的时候。在西方管理学界强势的话语权威下，非西方国家学者的研究观念与方式受到严重局限，极难进入主流。当今世界管理学界，只有美欧的管理学才算得上是本土管理学，也就是内生性管理学，非西方国家照搬美欧的理论、概念、方法与工具的管理学，其实质是一种外衍性管理学，并非本土管理学。我们应该清楚认识到，这种外衍性管理学所提供的知识，与东方的社会、文化、历史、生活、人的心理状况及企业管理实践存在脱节现象。现有的以西方语境为主的管理学难以有效分析东方背景下各类人群的心理与行为，自然更难以有效解决中国企业管理中存在的问题。在这种情况下，为了更好地促进我国经济发展，推动企业管理水平提升，我们必须从外衍性管理学向本土化管理学迈进。

怎样看待"新薪酬观"

2018年春节刚过,有关方面已经在提醒,劳动密集型企业可能会出现一定程度的"用工荒"。由此可见,如今劳务市场已是"卖方市场"。"'挑挑拣拣'成外来务工者找工作'主旋律'"的声音时有耳闻。

一边是"不少企业尚在运营成本高企的压力下苦苦挣扎、奋力向上",一边是"传说一线职工薪资预期普遍看涨",这让很多人多少觉得"有些矛盾",连连困惑道,"而今究竟怎样一个薪资预期才算合理?"

在不少企业家看来,如果以五年为一个时间跨度,现在的用工成本明显比以前上升不少。在他们以往的印象中,五年前,2000元就能招到一个比较好的工人了,但现在,可能4000元都招不到一个合格的工人。我提醒他们说,你们应该至少要考虑到五年来物价水平的变化、城市生活成本的整体上升,更重要的是,一段时间以来,人才市场上的供求关系发生了一些很重要的变化。有些学者会用"中国刘易斯拐点的出现"来表述这种变化,但无论这种表述是否精准勾勒出中国国情,企业家可以惯性地依赖"人口红利"的时代显然已经渐行渐远了。而供求关系,是决定人力资源价格最重要的市场因素之一。

对于上述变化，企业家们大都表示理解，他们也觉得如此情势下，人们的薪资预期看涨也情有可原。但他们抱怨较多的是：如果我现在有生意可做，企业又能正常运作或蒸蒸日上的话，合理的工资涨幅当然可以接受。但现在企业普遍经营困难，在这种情况下，员工薪酬福利上涨就给企业带来不小压力。所以，现在这个问题的症结，恐怕不仅在于雇主雇员之间在薪资涨幅上讨价还价的空间究竟有多大，更关键的问题，还是出在如今一些企业在自身发展上碰到了一些绕不过去的状况。大多体现为经营、盈利模式上的瓶颈。毕竟，工资的增长，还是要落到企业竞争力的提升上。没有可持续的竞争力打底的工资增长，不仅不切实际，也保护不了就业、关照不了员工。

一个企业到底愿不愿意在员工收入和福利上给予更多关注和空间，当然和其管理层的经营理念密不可分，但只要这个企业处于现代企业制度的框架下，还是要看它的经营能力、它正处于怎样的成长阶段、发展模式是否成熟或可持续。

和如今不少企业"攻坚克难"的主旋律并行的，恰恰是年青一代员工在薪酬期待上的日益多元。在他们眼中，货币是工资的应有之义，但又不应仅限于此。似乎还应包括工作环境、成就感、归属感、发展空间等。在我看来，类似问题是早晚会表现出来的。也许，有的人会将此归因于：如今的

管理创新

80后、90后较之他们的父辈生长在更宽松优裕的环境中。但我认为，随着一个社会的市场化用工机制逐步成熟、劳动生产率整体提高，劳动者会越来越看重劳动中的体面和尊严。

前不久，一位来自江苏的民营企业家给我讲过这样一个例子。他们有个员工一直干得蛮好，和同事也相处得很不错，却在毫无征兆的情况下递了辞呈。管理者觉得有点儿诧异，就主动询问员工离职原因，"大家都对你挺满意的，你为何要离职呢？是不是觉得我们公司有亏待你的地方？"年轻人说"不是"。他解释说，自己家里经济条件不错，而这已是他打的第四份工了。他一直有个想法，就是想借着打工，到全国各地到处去看看，去开阔眼界，同时也寻求发展机会。他对公司、管理者、同事们是没有意见的。我们现在也看到不少年轻人较之父辈更看重生活与工作之间的平衡，越来越不愿意工作"僭越"到自己8小时以外的时间等。这些何尝不都是一些更具现代意识的表现呢。问题初显期，它们也许会给我们的管理工作带来新的挑战，但如果这些意识本不缺乏合理之处，我们不妨以一颗包容的心去看待。正如大概在20年前，很多人还很难想象"跳槽"是怎么回事，甚至还会把它跟一个员工对企业是否忠诚、人品是否够好联系起来，但如今，大多数人已经能正视各种合情合理的人员流动。每个时代的问题大都有其时代性，只是表现出来的形式不同。

过去我们常常讲所谓"待遇留人、事业留人、感情留人"。在一个企业的不同成长阶段，无论是企业家还是员工，对这三者在轻重缓急上会有不同的看法和拿捏。但若以一个较长远的眼光谋划企业的发展，这三者显然还是应当同时并举的。从员工的角度来讲，我想，他们也不会不顾市场情势和企业的发展状况，提出一些不切实际的要求。说到底，员工的薪资福利和企业的发展应同步增长。

近几年企业在用工形态上出现一些新变化，是否也会给社会上的薪酬观带来一些微妙影响？比如以智力赢得可观经济效益的"小微企业"的出现，一些企业开始允许员工在家里办公，实行"弹性工作制"等。对此，答案是肯定的。这其实就是一些企业根据工作内容的需要，在有条件的情况下做出的一些企业内"制度性弥补"。如果运用得当，不仅能提高员工的归属感、满意度，也能促进工作效率的提升。如今，企业为员工创造更好的办公环境，提供健身房、咖啡吧；允许有孩子的员工在不影响工作的前提下适当提前上下班时间，方便他们接送孩子上学放学，都是不鲜见的人性化做法。这是企业方给予员工的包容与支持。对于员工而言，何尝不是在货币工资之外所获得的劳动回报的衍生。

如今已是一个知识经济时代，人力资本的重要性日益凸显。企业应当充分认识到这个问题的紧迫性和现实性。如果说，在以往以劳动密集型制造业为核心产业支柱的阶段，我们在硬件上的投入占主要比重的话，未来在人力资源方面给予更多投入，将是绝大部分企业发展上一个必然的趋势。

只有不断学习，才能持续创新

当前，"创新"已成为一个使用频率极高的词汇。中央提出"建设创新型国家"，各地方政府提出"建设创新型城市"，而企业也在努力打造"创新型企业"。创新已成为新时代组织和地区发展的主旋律。在当今社会发展瞬息万变的态势下，企业所面临的市场竞争空前激烈，因此唯有创新，才能不断适应消费者日益发展的需求，做到以变应变，把企业做大做强。

一、唯有学习才能发展

创建学习型组织，是当今各类组织努力追求的一种企业组织形态。而对于企业来说，创建学习型企业显得尤为重要。为什么众多企业都会把创建学习型企业作为自己的一个追求方向？其原因有三。

1. 对组织设计的反思

传统的企业结构，都是呈金字塔型，金字塔形的组织结构有一个最根本的特点，那就是越往上职位数越少。而反观现在的企业员工，绝大多数都非常聪明，受过良好教育，充满青春活力，进企业工作后，非常渴望做出成绩，获得承认。

但是由于金字塔型组织结构的限制,使得这些员工在企业里工作一段年限以后,通常只有少数人能够晋升,大多数人都在原地徘徊,因此很多员工都失去了开始时所具有的上进心、兴奋感和使命感,对工作便只投入少许精力,心思几乎完全不在工作上,因为他们看不到发展前途,对前景深感迷茫。

2. 员工希望在企业和工作中获得新知识和技能

传统的管理学观点认为,员工到企业工作是一种付出,付出自己的脑力和体力,通过所获得报酬来取得回报。而现代社会竞争激烈,员工如果在企业工作中只是付出,不及时补充新的知识和技能,那么若干年后,就会明显落后于时代,最终被淘汰。这成为许多员工的担忧。因此现代管理学观点认为,企业要创造一切机会和可能,使员工在工作中不仅仅是付出,更能通过工作不断学到新的知识和技能,不断充实自己,增加自己的价值,以便他们在今后的社会发展中更好地发挥作用。

3. 提升企业能力

现代社会竞争日益激烈,对于企业尤其如此。中国加入WTO以后,外资开始大量进入,垄断局面不断被打破,新一轮竞争格局正在形成。因此一个企业如果不及时加强学习,不断增强自己的核心竞争能力,那就会在竞争中丧失自己的价值,最终被淘汰出局。

因此,无论企业或是个人,都要不断学习,不断提高,改变自我,不断提升自己的价值,巩固自己的优势地位。

二、带来行为变化的学习才是真正的学习

虽然很多企业都在宣称要创建学习型企业,但从目前的实践状况来看,其效果却并不理想。其原因主要在于:很多企业并未真正理解学习的含义,一些企业给员工发几本书,或是组织几次培训,就号称是创建学习型企业;也有一些企业,组织管理人员去优秀企业参观几次,谈谈体会,也号称是创建学习型企业。虽然这些行为并不错,但是却并没有做到真正的学习。读书是学习,但学习不仅仅是读书。参观考察也是学习,但学习更不仅止于参观考察。无论对个人或对组织,学习的关键是要用学到的知识改变自己,通过学习使行为产生变化,这才是真正的学习。

我们知道,经典的学习理论,来自俄国生理学家巴甫洛夫的条件反射学说。巴甫洛夫通过实验结果,证明通过学习会使行为产生改变。因此规范意义上的学习应该包含以下含义:①学习包含着变化;②这种变化应该是相对持久的;③只有个人或组织的行为出现了变化,学习的过程才算完成;④学习的过程中包含某种类型的经验,既有直接的经验,也有间接的经验;⑤通过学习,用获得的知识和经验改变自己的行为,从而使组织和个人获得提升,这才是真正的学习。

对于企业而言,向谁学习呢?

对于企业而言,学习主要体现在以下方面。

1. 向市场学习

当前市场形势瞬息万变,国内市场和国际市场互相影响,

互相牵制，企业如果不善于从市场变化中捕捉新的信息，寻找新的商机，那就会逐渐被市场所淘汰，最后在市场竞争中落败。

2. 向消费者学习

我们经常说，消费者是上帝，这话虽然不一定很准确，但从学习的角度来说，企业确实应该把消费者视为上帝。因为企业的产品最终要获得市场和消费者的认可。消费者的需求如何，有什么变化趋势，他们在进行消费时的心理活动如何，这些都需要企业应该经常了解和掌握，只有这样，才能搭准消费者的脉搏，最终使他们心甘情愿地掏钱购买。例如小米公司就借助互联网手段，和消费者建立了良好互动，根据消费者建议来不断改进产品。

3. 向竞争对手学习

在激烈的市场竞争中，每个企业都有自己的竞争对手，相互竞争的企业为了赢得优势，都在想尽办法，使出浑身解数来占领更大的市场份额。因此每一个企业，必须充分了解竞争对手的信息，高度关注竞争对手所推出的新产品和新的经营手段，认真研究其中有哪些值得借鉴，从而及时调整自己的经营行为，来灵活加以应对，使自己的企业在竞争中获得优势。国际著名企业可口可乐与百事可乐，肯德基与麦当劳等竞争对手，无不时刻关注对方的一举一动，从而来改进自己的经营策略，在竞争中提升自己。

三、创新是企业永恒的主题

企业必须不断学习，通过学习来改变自己的行为，而创新则是题中应有之义。企业通过学习，获得大量新知识和新信息，从中获得更多的经验，产生了更多新的认知，这种经验和认知一定要用到企业的经营管理行为中去，才能产生切实的经济效益。这就要下决心改变自己的行为，在自己的组织结构、经营手段、产品开发、企业文化等各方面有所创新，这样才能以变应变，不断推陈出新，取得新的优势。

在企业创新的问题上，首要的是解决观念的问题。只有解决观念的问题，才能在具体的手段上实现创新。

1. 努力实现自我超越

要实现自我超越，首先要明确一个问题，企业工作是一种简单的过程还是一种创造？当今社会，企业如果不努力创新，不断有新的创造，就没有生命力。因此每一个企业的经营管理者和基层员工，都要具有很强的忧患意识，"视今天为落后"，不仅要兢兢业业地完成本职工作，而且要经常从事创新性的思考，在自己所从事的本职工作范围内，从有利于企业发展的角度出发来实施创新，从一点一滴做起。我们要充分认识到，人的潜力是无限的，组织发展的潜力同样是无限的，要有"零基思维"的心态，不能被今天的具体条件所限定，而是努力通过学习来创造自我，扩展和创造个人和组织的未来能量。

2. 努力改变心智模式

企业和人一样，由于历史的关系和认识的限制，往往都会有思维定式，或称之为心智模式，而且大多数企业都自我感觉良好，认为自己看问题的方式是最高明的。岂不知所谓"金无足赤，人无完人"，无论个人还是企业的心智模式往往都存在缺陷。因此，要实现创新，就必须首先改善企业组织的心智模式，改变原来认识问题的思维定式，转换视角，转变认识。首先，每一个企业都要审视自己原有的心智模式，原来认为不可行的事情是否真的不可行？原来认为已经做得很好的事情是否真正做好，是否还可做得更好？然后要仔细思考别人的意见有没有道理，我们还有哪些地方可以改变，可以做得更好。只有这样，才能跳出原来的框架，实现有效创新。

3. 进行系统思考和创新实践

现代社会是一个系统，属于整个社会系统中的企业也要具有一种系统的思考，凡事都要有系统的观点，系统地、动态地、本质地思考问题。不仅要从本企业角度出发，而且提倡换位思考、系统思考、全局性思考。例如企业不仅要思考本企业可以做什么，而且更重要的是思考市场需要什么，消费者需要什么，社会发展需要什么，以此来确定自身的发展战略和整体定位，这样才能使企业有创新性的行为。

在当今的企业经营管理中，创新已成为永恒的主题。而创新并不是一蹴而就的。中国企业只有努力学习，改变观念，积极实践，才能在新一轮世界经济竞争格局中争取赢得优势，乘风破浪，勇往直前。

中央首次为企业家发布文件透露出什么信号

凡是关心中国经济的人士，必定注意到党中央国务院2017年9月8日发布的一个重要文件，那就是《中共中央国务院关于营造企业家健康成长环境 弘扬优秀企业家精神 更好发挥企业家作用的意见》（以下简称《意见》）。文件题目很长，内容也很丰富。作为党中央国务院首次专门为企业家发布的文件，其意义十分重要。

围绕"企业家"这个主题词，《意见》主要概括为三方面内容：营造环境、弘扬精神、发挥作用。这三者点出了当前企业家群体成长中的关键所在。

第一，努力营造企业家成长环境。

现代市场经济中，企业家并不再只意味着某个人、某类群体，而是一种极为重要的稀缺资源。正是因为企业家这一重要群体的存在，企业才能由小到大，由弱到强。但毋庸讳言，长期以来，我国企业家的生长环境也存在不甚理想的方面。例如，虽然改革开放40多年了，但是社会上看待企业家的"有色眼镜"依然"色彩"很浓。

中国的企业主要分为两大类：国有企业和民营企业。我国国有企业对于中国经济腾飞做出了重要贡献，而其背后不

管理创新

乏国有企业领导人的积极作用。但与此同时，也存在一些令人遗憾的现象，比如，客观层面，有的国企领导人感到命运、去向皆不由自己做主，经营绩效如何对前途影响不大，因而激发企业家精神的原动力不足；有的则安于现状，以当官的心态来当企业领导，不琢磨提升企业效益，只琢磨上级管理层的喜好，缺乏企业家应有的进取意识和创新能力。

同样，改革开放以来，我国民营经济也取得了快速发展，民营企业家做出了卓著的努力。此外，社会上虽然不少人羡慕民企老板的发财致富，但依然多以"土豪"视之，这折射出在人们观念中民企老板身份的某种尴尬。时至今日，虽然这种看法在公开场合较少出现，但是，社会潜意识中依然存在。这对于民营企业家成长以及队伍的发展壮大是十分不利的。

《意见》明确指出：着力营造依法保护企业家合法权益的法治环境，促进企业家公平竞争、诚信经营的市场环境，尊重和激励企业家干事创业的社会氛围。其中，值得提出的一点是，在当前形势下，要依法保护企业家的财产权。企业家通常会比一般人拥有更多财产，但是要看到，这是在我国改革开放40年来的大环境下，企业家运用了比别人更多的智慧、付出了更多的辛勤劳动和冒了更大风险挣来的。所谓"说尽千言万语，走遍千山万山，吃遍千辛万苦"就是很多企业家的生动写照。不能光看到他们现在的优裕生活，更要看到他们所承担的压力和为社会做出的贡献。总之，要尊重和激励企业家干事创业的社会氛围，让努力创业、积极干事者获得更多尊重，才是正向的社会激励。要营造良好的市场环境，鼓励更多真正优秀的企业和企业家脱颖而出。

第二，大力弘扬企业家精神。

什么是企业家精神呢？对企业家精神的含义，熊彼特特别强调创业精神。他提出，企业家就是创业者，是开创新生意并承担其风险与不确定性的人。德鲁克则更强调创新，其著作《创新与企业家精神》通篇都在论述这一点。此次发布的《意见》则对如何弘扬企业家精神明确提出了三个主要方向：弘扬企业家爱国敬业遵纪守法艰苦奋斗的精神；弘扬企业家创新发展专注品质追求卓越的精神；弘扬企业家履行责任敢于担当服务社会的精神。

这三种精神的提出，描绘出内涵更为丰富的中国企业家精神，且为企业家进一步"正名"。本来，作为企业的掌舵者，企业家就应比普通商人和管理者具有更高层次和追求，而这种高层次和追求就体现在这三种精神之中，尤其是艰苦奋斗、创新发展、追求卓越和履行社会责任等维度。中国改革开放40年，商海惊险，大浪淘沙，无数企业"各领风骚三五年"，也有不少由于各种原因折戟沉沙。但依然有很多杰出企业家，他们带领广大职工筚路蓝缕，艰苦奋斗，整合各种资源，努力开拓创新，创造出一个又一个新产品和新服务，拓展了市场的广度和深度，不断满足消费者日益增长的新需求，同时为社会创造出大量财富。

管理创新

我主持的《改变世界—中国杰出企业家管理思想访谈录》大型研究项目,多次对中国著名企业家进行面对面的访谈。在访谈和调研过程中,我真切感到,很多知名企业家虽然表面看上去风光无限,经常出现在聚光灯下,但其实在他们的事业生涯中,始终与压力、竞争、劳累、焦虑结伴而行。有一位伟人曾经说过"人是要有一点精神的",优秀企业家群体正是秉持了很多优秀精神,才有了今天的累累硕果,展望未来,更应当弘扬《意见》中所提出的三种精神。在当今中国经济全面转型的过程中,不仅广大企业家要弘扬这三种精神,其他社会群体同样也要大力学习和弘扬这三种精神。唯有如此,才能使中国经济更好地迈出新步伐,创造新奇迹。

第三,更好发挥企业家作用。

企业家是社会中的优秀群体,他们具有极强的创新特质、资源整合能力和拼搏精神,能够敏锐地感知社会发展趋势和消费者未来需求,企业家在经济发展中的作用是不可或缺和不可替代的。改革开放40年来,我国经济经历了高速增长,国民经济发展取得了巨大成就,中国经济总量已跃居世界第二。但也要看到,随着改革向纵深发展,中国经济也日益暴露出资源减少、产能过剩、企业效率低下等一系列突出问题,严重影响中国经济社会下一步发展。

法国著名经济学家萨伊说过:"企业家的作用是将经济资源从生产力和产出较低的领域转移到较高的领域。"企业家的这一独特作用,对于当前中国经济全面转型具有极为重要的意义。企业家不仅在企业微观领域，通过科学与艺术兼备的经营管理，带领企业攀登一个又一个高峰，而且以他们在经济领域的前瞻性和进取精神，对技术、产品以及管理的不断创新，持续将经济资源从低产出领域转移到高产出领域，从而更好地提升效率，解决经济社会发展中的问题，为社会带来巨大变化，对中国社会发展起到有效的助推作用。

党的十八届三中全会提出，充分发挥市场在资源配置中的决定性作用。要实现这一目标，需要建设统一开放、竞争有序的现代市场体系。而企业作为市场主体，以及企业家作为企业的人格化，都在其中扮演着相当重要的作用。总的来说，要更好发挥企业家作用，就要给企业家提供更大舞台，让他们放开手脚去努力拼搏。为此，社会各方面，尤其是政府有关部门要做好对企业家的优质高效务实服务，进一步简政放权。建立社会容错和企业家自我净化双重机制，放手让企业家自主经营，通过企业家之手真正让市场来配置资源，并引导企业家认识把握引领经济发展新常态，引导企业家积极投身供给侧结构性改革，积极投身国家重大战略，在振兴和发展实体经济等方面做更大贡献。

互联网时代的企业家精神,是要看能否培养出更多企业家——张瑞敏的企业家精神新说

"企业家精神"是当下的一个热词,2017年9月,中共中央、国务院还史无前例地专门颁发一个《关于营造企业家健康成长环境 弘扬优秀企业家精神 更好发挥企业家作用的意见》。"意见"明确指出,企业家是经济活动的重要主体,并用36个字对弘扬优秀企业家精神提出要求,即:弘扬企业家爱国敬业遵纪守法艰苦奋斗的精神、创新发展专注品质追求卓越的精神、履行责任敢于担当服务社会的精神。

法国经济学家萨伊最早提出企业家这一概念。其1803年出版的代表作《政治经济学概论》一书中,萨伊研究了人类财富是怎么被创造出来的,又是怎么被分配、使用的问题。他提出,财富的创造除了靠土地资本和劳动等要素禀赋之外,还需要有一个要素,那就是带有很强冒险性的企业家。正是这些企业家,仅仅根据自己的冒险精神和对经济活动效果的判断,就进行相关要素的投入或组合,这种投入和组合在经济活动中起到极为重要的作用。

而如今影响最大的则是奥地利经济学家熊彼特的定义。熊彼特认为:企业家的工作是一种"创新性破坏",即打破

原有的经济活动均衡,引入新的经济要素。熊彼特把这种"创新性破坏"的活动归纳为5种:①采用某种新产品或某种产品的新特征;②采用一种新的生产方法;③开辟一个新市场;④获取或控制一种原材料的新来源;⑤实现任何一种工业的新组织。熊彼特睿智地指出,企业家最本质的功能是经济体的搅动器,它防止经济活动落入成规而死气沉沉。企业家天生有破坏静态均衡状态的倾向,因为,这是一个成功的创新所必需的。换言之,企业家在经济活动中天生就是一个不安分的角色,他时时想着如何突破现状,在均衡与非均衡状态中实现螺旋式发展。

自2014年年底开始,我有机会主持一个大型研究项目"中国杰出企业家管理思想访谈录"。这个项目迄今为止已经采访了20多位中国(包括港台)的杰出企业家,并已有电视专题片、"管理思想精粹"和"研究丛书"等多项成果问世。采访的第一位就是海尔集团首席执行官张瑞敏。曾经有媒体要我谈谈采访这些中国杰出企业家的感受,我谈到张瑞敏对管理思想的深度思考给我留下了深刻印象。2017年11月3日,我和《解放日报》一位首席记者一起,专程去青岛再次采访了海尔集团首席执行官张瑞敏。在这次采访中,张瑞敏基于他对互联网的深入研究,谈到他对于企业家的最新理解,他笑称这一观点对我们是"首次发布"。张瑞敏认为,在互联网时代,企业家精神绝不是以企业家个人能力为标准,更重要的是看他能不能培养出更多企业家,能不能孵化出更多的企业家精神。因

管理创新

为熊彼特提出的"创造性破坏"也好，或者日本企业家精神的核心"团队精神"也罢，都只是揭示了工业时代的企业家精神，其中有一个很大的弊病，就是把一家企业的所有命运押在一位优秀企业家身上，一旦企业家不在了，企业就走下坡路。但是互联网尤其是物联网时代则不应如此。这个时代企业最主要的是要服务用户，只有获得用户认可，为用户创造价值，企业才有价值，才能可持续发展。因此一个组织中就应该有很多的企业家，他们可以直接和用户零距离交互。因为互联网时代，企业更重要的不是出产品，而是出"创客"，通过创客去创新、创造出更多的产品和服务，在为用户创造价值的过程中提升企业的价值。张瑞敏这一企业家精神的新论断，也正体现了互联网时代"去中心化"的特点。

戊戌新春，阅读美国纽约大学经济学教授鲍莫尔所著《企业家精神》，其中有这样一段话可以和张瑞敏的"企业家精神新解"以及他在海尔力推的小微化组织改革互为参照："企业家（不管是否身兼管理者身份），他们的工作是找到新思想并将它们付诸实施。他们不能允许事情变得墨守成规，对他们而言，今天的业务绝不是明天最好的。"张瑞敏正是基于对海尔已经取得的辉煌成就不满足，以其对企业家精神的新诠释，不断寻找企业管理中的新思想并将它们付诸实施，并在这一伟大变革中培养出众多新时代的企业家。

管理有道

激活 90 后新生代员工潜能的十条建议

一、如何深度认识新生代员工

所谓新生代员工，一般是指 80 后、90 后，也有一种观点说更加应该是指 85 后、90 后员工。这些员工生长在改革开放年代。20 世纪 90 年代，中国的国门打开，中西文化碰撞非常厉害，尤其是中国社会经历从计划经济到市场经济的变化。还有一点非常重要——长期以来的传统一元价值观向多元价值观转变。

代际研究理论支持对员工的分代。代际理论认为，人的行为特征和发展是个体和社会、世界的交互作用所导致的。这给我们研究新生代员工的特点提供了非常重要的理论支持。

第一，从社会背景维度看，新生代员工成长在全球化浪潮背景下；互联网和整个世界连通带来各方面的变化；社会转型时期中国经济高速发展，这种经济的发展使社会经济文化都处于一种激烈动荡的阶段。

第二，从新生代员工的个人经历看，他们所享受的物质财富超过以往任何一代群体，而且绝大多数是独生子女，"万千宠爱在一身"；高校扩招、海外留学大增，新生代员工受教育程度高，这些使他们的人格特质和对组织的态度都发生很大变化。

第三，从群体特征和行为方式看，这一代80后、90后员工受西方影响大，自主意识也强。一份90后调查报告显示，90后不像多子女家庭时代那么有团体意识，也不像80后那样自作主张，他们喜欢圈子和多种类型的伙伴，但是不喜欢过于紧密地归属于某个圈子。他们要有共同语言的人群，要大家一起同道，但不意味着他们要组织生活，也不意味着要被"圈定在某组织中"。他们希望赢得圈子里面的发言权，又不代表他们乐于听从组织的要求；他们希望多元，可以联系社会网络，但是又希望保持自己在圈子里面差异化选择的自由；要有社会关系，但是要保持独立性，选择自由。希望成为一群人中的亮点，但是不希望做大家中的异类。

二、新生代员工的八大特点

基于我自己的研究调查，参考其他学者的一些研究，我把新生代员工的特点归结为8个。

第一，兼有积极与消极的工作态度。很多年轻人看上去热情高涨，但是有时候比较消极，对工作的满意感和对企业的满意感、忠诚感都较低。新生代员工的职业观念是多变，尝试不同的职业领域，希望能够有更丰富的阅历，能够在不同行业里面工作。

第二，他们认为企业有责任为员工提供职业发展机会，更加看重企业是否给予员工具有"可转移"的竞争力。我们既然有人才市场，那就意味着人才可以被交易，人才是一种商品，就一定要考虑商品的保值增值。人力资本，就是能够增值的资产。员工如果在企业里觉得我这个资本越来越缩水，他会有一种恐慌心理，他的职业观念会发生变化。

第三，对成功有独到的界定，他们渴望有所成就，强烈期望得到社会的认可，更加热衷于具有挑战性的工作。现在的社会节奏越来越快，他们希望自己对时间和精力的投入马上能够见到成效。越是年轻员工，越是知识层次高的员工，越不愿意干固定化的工作。他们希望能够体现自我价值，得到更好的发展机会。

第四，新生代员工的沟通方式很直接，直截了当向组织、领导提出自己的要求，对于权威有自己的看法，不会因为职务级别对上级仰视，他们可能更多是平视。这是互联网给这一代人带来的变化，在网络上每一个点都是平的。

第五，通常具有较好的专业技术能力，但是在工作中有时候会缺乏耐心，缺乏与不同背景员工打交道的能力。因为他们从小生长在独生子女家庭，缺乏多元化、多维度沟通、倾听和时间管理方面的技巧。

第六，不喜欢循规蹈矩，希望从事有挑战和趣味性的工作。由于社会节奏加快，一般他们都是任务导向而不是过程导向，就是希望领导不要对他们"管头管脚"，你把任务给我就行，不要管我怎么去做。

第七，注重工作和生活的平衡。现在的大学毕业生出现一种现象叫"慢就业"。毕业生说："我从小读到大，太辛苦了，父母没有给我压力马上工作，我先歇会儿。"他们更加注重工作和生活的平衡，但是有时候过度依赖父母和朋友。

还有一点非常重要，他们不太关心职场政治，明显对公司高层人员变动不那么太在意，不会领导在的时候就表现好一点，也不会特意和上司搞好关系。

第八，有较强的探索精神。他们生长在充满创新的时代、充满变化的时代，而且他们切实感受到整个社会进步、科技创新带来的便利，有较强的创新意识，有时候比较缺乏脚踏实地的实干精神。

三、怎样激发新生代员工潜力

如何激发新生代员工的潜力，这是我思考很久的问题，以下十点建议供参考。

1. 价值作用显性化

管理学大师迈克尔·波特说，态度、价值观和信念，有时候笼统地称之为文化，它们在人类行为和进步过程中，无疑起着非常重要的作用。中国传统文化告诉我们"志同道合"，孔子告诉我们"道不同不相为谋"。如果价值观与公司文化不契合，尽管觉得应聘者可能是一个人才，我们还是要非常谨慎。

2. 人格工作匹配化

新生代员工个性非常凸显，你要去改造他、同化他，难度大大增加。企业有各种各样的岗位，我们是否可以根据不同的工作特点把员工安排到合适的岗位上去？

3. 工作内容丰富化

更加注重岗位的设置，怎么样定期轮换岗位。定期轮换岗位有好处，首先是可以让员工换位思考；其次是有助于提升员工的工作兴趣。

4. 团队成员互补化

现在企业管理中更加强调讲团队为什么？团队跟群体是有一个很大的差别，这个差别可以归纳为四点：互信，团队之间的联系一定更加紧密；互动，成员之间互相影响；互补，技能和知识互相补充，我们经常会选择不同的人组成团队；互助，成员之间互相帮助，更好地完成既定任务。

5. 组织层级扁平化

现在我们更加强调赋能，怎样给员工赋予能力去处理各种变化中的事情。企业面临的问题越来越复杂、越来越多变，怎么让第一线员工，即"听得见炮火的人"做决策，就需要我们的组织层级扁平化，保持企业的弹性。扁平化的组织也能够提高员工的满意度。

管理创新

6. 考核指标双重化

很多企业讲不看过程，只看结果，拿数字说话。没错，数字比较容易考核、比较直观，但是在创新多变的社会中，不一定每一项工作和每一项努力立马能够获得明显效益，在这种情况下既要重视结果，也不能忽视过程。既重视最终绩效，也重视员工的主观努力，否则员工会有很强的挫折感。

7. 奖励形式多样化

我们应该及时化奖励，因为企业变化快。而且奖励的方式可以考虑多样化，效果会更好。个性化的员工对奖励需求不一样，有的说你发钱当然最好，有的提供假期，有的提供读 MBA 的机会，诸如此类。对企业来说，最终核算成本差不多，甚至更低，但是员工满意度会更高。

8. 关怀方式个性化

新生代员工个性越来越凸显，怎么针对员工的个性来提供有针对性的个性化管理？个性化的关怀方式在不增加成本的基础上，可能会收到更好的效果。

9. 职业责任明确化

经济学家哈耶克说，市场经济最重要的道德基础就是责任感。针对新生代员工，我们更加要强调基于契约的信任，强调每个个体所应担负的责任。

10. 激励机制复合化

"脑袋"和"口袋"在管理学上永远都对。当然因人而异，这个比例要调整，方法要多样。我们既要重视物质的鼓励，也要重视精神方面。我们知道马斯洛的需求层次理论，新生代尽管也有生理需求和安全需求，但不明显或者不突出，否则不会有所谓"世界那么大，我想去看看"。它提醒我们管理人员应把社会需求、被尊重需求、自我实现需求提到比较重要的位置。

"江山代有才人出，各领风骚数百年。"我们的新生代非常优秀，有非常明显的特点，为我们在管理方面提出很多新挑战和新课题，有效激活新生代员工的潜能，才能使企业在未来获得腾飞。

企业组织发展的期望

21世纪,我们放眼世界局势,风云翻滚,跌宕起伏,政治、经济、文化三维交错发展。在全球范围内,一方面是世界一体化的格局正在加速形成;另一方面,各个国家以其自身特有的方式和特点,在世界格局中更加凸显其独特的作用。

在这一时代背景下,当今中国的经济发展以及速度和能量,正引起全世界的瞩目。中国企业组织,在先进的企业管理理论指引下,依托中国优秀文化和良好的宏观经济态势,正在迅速成长,在市场经济中发挥日益强大的作用,显现出其日益增强的实力和影响。

自中国大陆实行改革开放以来,企业组织的迅速成长,已是不争的事实,在我看来,它具备下列三个特点。

一、回归自我,企业日益回归经济组织本身

半个世纪以来,中国大陆的企业组织,其承担的作用除了组织生产,为社会提供商品以外,还在相当程度上承担了经济组织以外的功能。它作为整个社会组织中一个不可或缺的社会细胞,成为员工所依附的一个单位。因此,企业的功

能除了如科斯所说的那样,组织相关产品的生产以减少交易成本以外,还要顾及员工的生活、学习、家庭、社会活动等各个方面。对员工来说,企业成了员工"生老病死有依靠"的一个具体社会组织体,这就使得企业的组织结构庞大,价值指向不明,组织目标很难集聚,无法全力按照经济规律办事,这就自然导致运作效率低下。而经过二十年左右的改革开放,中国大陆企业逐渐回归其经济组织的本质,明确其在市场经济中的地位与作用,将企业经营目标集聚于为社会提供优质商品和经济财富。同时,在社会保障制度等一系列社会改革配套作用下,企业组织所承担的相当一部分原有社会性功能逐渐剥离,这就使得企业组织精干,运作效率明显提高。

二、理论引导,重视运用管理理论指导企业运作

当今世界管理学术界,对于企业组织发展的研究,观点层出不穷,理论日新月异。学习型组织、无边界组织、虚拟组织、知识型组织、信息化组织等各种概念百花争艳,色彩纷呈,对企业的审视观点各有侧重,视角亦有不同。研究者们从不同维度全方位探讨企业组织的运作规律和经验,为未来企业发展提供良方。而在日益与国际接轨的中国企业组织运作中,众多企业管理者,多数出于自觉,少数迫于形势或被时代潮流所推动,在其实际管理活动中,注意运用先进的管理理论来指导企业管理实践。在这一理论联系实际的过

程中，尽管有些难免生搬硬套，使人有照猫画虎之感，有些在实践中也暴露出各种各样的问题，但我们应该看到，这是中国企业管理从经验上升为知识，从感性走向理性，从粗放走向细致，从片面走向全面的一个可喜的发展过程。从历史经验来看，我们反观西方企业发展，同样也走过了这样一个过程。而每一个企业的发展，正是在这样一个从不自觉到自觉，对管理理论和知识从知之甚少到知之甚多，最终自觉加以成功运用来指导企业实践的过程。

三、定位清晰，企业组织发展更趋理性

企业组织发展，是一味讲求规模，多行业快速发展，还是注重提升实力，追求实实在在的效益，长期以来一直是困扰不少企业领导人的问题，这也是企业发展中一个根本价值观的问题。在中国大陆市场经济体制确立初期，相当一部分企业，或是因为企业领导人自身的错误观念，或是迫于来自企业之外的压力，盲目追求扩大规模，或者轻率从事多元化经营，这种高速扩张虽然可以在短时间内产生轰动效应，名噪一时，也使一些企业为此而沾沾自喜，但其经受不住时间和市场的检验。在市场经济的惊涛骇浪中，大浪淘沙，沙尽金见，最终企业要以其竞争力来赢得优势。因此，在理论的正确引导和市场的现实教育下，不少企业领导人对企业发展过程和规律逐渐产生清醒的认识，对企业发展做出明确定位，从做大做强转变为做强做大。这一战略思维的转变，从

外在规模来看，不少企业开始不再追求单一的规模扩张，而是制订出清晰的发展战略，注重提升企业的实际能力，提升企业核心竞争力，使企业在某一区位上占领制高点。而从内在管理来看，更多的企业注重练好内功，加强内部控制，提升管理水准，使企业的内在素质不断提高，从而能及时抓住每一个市场机遇和从容应对挑战。

理论来自实践，又指导实践活动。对应中国企业近年来的长足发展，海峡两岸企业管理领域的专家学者，以其睿智和学识，在企业组织与管理方面做出了不少精深独到的研究。其中既有运用成熟的西方管理学理论对中国企业管理现象的学理性精深分析，又有运用东方管理思想精华来寻求企业管理真谛的对策性独特探索，学者们的冷静思维，深入研究，和企业界人士的积极互动，学术沟通，对于促进中国企业的发展，无疑起到了良好的作用，它能帮助中国企业更迅速地健康成长，而且也为管理学理论发展做出积极建树。

管理创新

如何让员工从"我需要干"变成"我想要干"

环顾国内外知名企业,无一不带着企业家管理哲学的烙印。林肯电器薪酬激励实践所反映的个人主义哲学、美国西南航空公司低成本经营模式实践反映的"员工第一"的经营哲学等。海尔集团的张瑞敏在其长期的管理实践中也一直秉持其独特的管理哲学,且随着环境和时代的变化而不断地创新和丰富。这一管理哲学在我看来,概括起来就是九个字,即"企业即人,管理即借力"。对于这一经营哲学,张瑞敏是这样来解释的:"企业即人,是说所有的资产要增值都要靠人,人是企业的关键。如果把人抛到一边,资产负债表就没有多大用途。就像青岛有一句老话:'死店活人开'。同样一个店,两个不同的人开效果就不一样。"

张瑞敏董事长是康德"人是目的,不是工具"哲学观点的拥趸,他指出,每个人不管是你自己还是他人,都不能把自己和他人当成工具,因为人本身就是目的。员工、消费者、企业领导者、合作伙伴等都是如此。基于此,张瑞敏先后提出了"市场链""自主经营体""人人都是CEO""企业平台化"等经营管理思想。和很多企业家信奉的"股东第一"理念不同,张瑞敏认为,"股东利益最大化"应该只是企业经营的结果，而非目的。"股东利益最大化"应该是企业在"创造用户价值"这一目的驱动下自发实现的成功，更为关键的因素应该是员工。

在这一理念的驱动下，张瑞敏对海尔的每次改造，都是从员工观念改变开始。1984年刚接手海尔时提出的"十三条行为"，到1985年闻名全国的"砸冰箱"事件，1992年实施的"激活休克鱼"并购范式，再到2005年提出"人单合一双赢模式"等，都是张瑞敏"企业即人，人即企业"管理理念在不同时期的具体表现，也已成为海尔人力资源战略的最高目标。正如张瑞敏所说："企业要由管控组织变成创业平台，员工由执行者变为创客。""管理即借力，就是看企业有没有开阔的思路整合更多的资源。特别是在互联网时代，企业如果是封闭的，就会一事无成。"从根本上说就是要依靠机制，借企业内外之人力，聚散资源，释放人的主观能动性，从而实现用户价值和企业使命，这体现的是一种开放的心态。在这里，张瑞敏要借的资源，其中最重要的就是"人"。面对如何借力的问题，张瑞敏注重从精神激励和物质激励两个方面入手。精神激励上，他注重为员工营造良好的发展平台，提供足够的支持，给予足够的成就感，包括海尔的奖励认可系统等；从物质奖励角度上，张瑞敏注重同时满足"参与约束"和"激励相容"两个条件，其重要成果就是"我的价值我创造，我的增值我分享"的理念。对人性的理解是管理的基石。张瑞敏倡导"将人视为目的，而不是手段",并提出"人人都是自己的CEO"的管理理念,和"我的价值我创造,我的增值我分享"的激励制度设计,所有这些都折射出其对中国员工和人性的独特理解。

互联网时代,几乎每一个企业都遇到一大难题,那就是如何在信息高度发达、组织环境更为开放的条件下,去激发员工潜能,更好提升企业竞争力。这个问题,像海尔张瑞敏这样的企业家已经敏锐地意识到,并且用自己的管理实践在尝试做出有效的回答。而大多数企业的管理者,或是忙于应付眼前事务,或是对时代变化缺乏敏感性,因而还没有意识到。美国南加州大学教授卡斯特尔指出:"网络带来一种全新的人际交流与合作方式"。这种全新合作方式产生于组织的各个方面,渗透至全过程。管理者与被管理者、员工与员工、企业与客户之间都产生一种全新的交互。从这一点来看,海尔提出的"企业平台化、员工创客化、用户个性化"的转型,无疑具有引领作用。

管理有道

如何认识"独角兽"企业

在全球创新浪潮下,一批小而新的初创企业,短时间内火速蹿红,深受资本青睐,它们被称为"独角兽"。尤其在硅谷,"独角兽"企业用来特指新一轮融资时估值超过10亿美元的初创公司。然而从2016年年初开始,对"独角兽"企业的唱衰络绎不绝。比如最新的一份报告指出,在获得"独角兽"地位的美国私营高科技公司中,近三分之一估值将低于10亿美元,"独角兽"正在缩水。那些所谓的独角兽企业,更多的是昙花一现,未能持续成长。

那么,如何来认识中国的"独角兽"企业呢?

最初,我们直接把硅谷"独角兽"的概念拿来使用,比如说,在中国估值超过10亿元人民币的初创企业,就能称为"独角兽"。它们和硅谷公司有一些共同点:这些初创企业往往过去不为人所知,忽然一下子冒出来,有点像经济领域、企业领域的"网红",得到的关注成倍增长,市值和行业地位忽然爆发。根据行业的报告显示,全球78%的"独角兽"面向消费者领域,尤其是零售业和共享经济,如手工艺品电商Etsy、奢侈品电商Gilt、短租平台Airbnb等。另有不少从事企业科技基础设施或者垂直行业,如金融科技、医疗科技、清洁技术以及时下热门的物联网。现在已被谷歌收购的智能家居设备公司 Nest、大疆科技以及无人驾驶汽车技术开发商 Jasper Technologies，就是物联网领域的"独角兽"。而我们市场上耳熟能详的"独角兽"还包括小米科技、大众点评、今日头条等。

今天的小企业能火速蹿红，主要有两方面原因：

其一，互联网经济本身就有一种放大效应，无论是普通的事件还是人物，借助互联网，一下子就人尽皆知，消息被放大了。经济领域同样如此，一些借助互联网的商业模式、营销模式起来了。比如小米，在推出第一款产品之前，就借助互联网一下子放大自己的品牌形象，当时的消费者还没有享受到小米的产品，就已经知道小米了。这在前互联网时代是难以想象的。所以客观上，互联网平台确实更容易助推今天的"独角兽"企业。

其二，传统成熟的、规模较大的企业，每年有百分之十几的增长已经很好。但是现在的初创企业，一年内如果不增长 50%，就会面临被别人干掉的危险。为了生存，为了得到投资界的青睐，现在的初创企业都会不断放大影响，迫使自己"超常规"增长，把力量和潜能快速释放出来，这种模式也更容易催生"独角兽"。

让一些传统企业看不懂的是，在互联网时代，许多初创企业都没有盈利模式，仅仅"烧钱"就能烧出影响力。这种"独角兽"的发展路径究竟合理吗？

我们不排除有些企业在快速"烧钱"的发展中，有能力弥补过去的不完善，最后杀出一条血路来。但从大多数企业发展路径来看：初创企业是使出了浑身解数，调动所有资源在拼命开拓市场和占有率。比如早期的滴滴、快滴，依靠补贴快速获取市场用户，"烧钱"得到了客户流量，而一旦占据了市场，风投就会火速关注，继续给钱让它烧，估值也在影响力中渐渐被抬高。过去，初创企业多多少少都有过这样的发展阶段，即亏本也要扩大市场占有率。只是这个阶段可能比较短，因为它烧不起。但是在互联网时代，企业不盈利的时间段可以被拉得很长，只要你不断有概念，有故事，有眼球效应，吸引了客户和流量，即使没有盈利模式也能让风投一个接着一个来投。那风投为什么看中你呢？企业估值不断做高以后，有些风投是打算套现的。所以很多互联网公司至今没有盈利，却活得好好的。但即使如此，企业不盈利的时间也不可能被无限拉长。最终，要么还是找到一种收支平衡的模式，要么就是风投套现后，有后来者接盘，企业面临重组或变革。

如今的资本市场确实高度复杂，而且越来越灵活，给了初创企业很多机会。技术、产品，一旦和资本结合，什么都有可能。我觉得其中的一大变化还不仅仅是资本的复杂性，而是经济的全球化。现在许多风投和资本是在全球进行项目扫描。中国不少"独角兽"企业，都受到全球资本的青睐。这在以往也是难以想象的，也更加助推了"独角兽"的土壤。资本的量和规模放大到了全球，与过去不可同日而语。我发现硅谷的"独角兽"基本套路也是一样，把企业估值做高，吸收风投。整个互联网行业多多少少都会有点泡沫，发展快速总会带出些泡沫，这点不必过于苛求。但是硅谷仍然有不少企业比较踏实，他们的孵化器也在认真做事。每个行业都会有一部分人靠概念炒作短期套利，也总会有一部分人想认真做些什么。

互联网经济时代，人们的关注点和传统经济不太一样，盈利模式也不太一样。我甚至觉得，互联网会颠覆一些传统经济学理论。比如诺贝尔经济学奖得主科斯，提出了科斯定理，科斯定理中的一个重要内容就是关于内部交易和外部交易。他指出，外部交易成本比较高，所以一家企业为了降低交易成本，其发展趋势是不断成立新的部门，最好从原料到成品，所有环节都在一个屋檐下完成。内部交易的模式节省了成本。但是互联网时代你会发现，一切都可能被颠覆。外部交易说不定比内部交易成本还要低。一家企业，如今只需要做产业链中最有价值、最擅长的一个部分，其他环节都能外包，或许更加省时省力省成本。今天，企业从生产、组织到运作，都可能发生质的变化。而我们的经济学和管理学理论，还没有完全准备好去分析互联网时代下的新生现象。有报告显示，"独角兽"一般需要 6 年时间达到 10 亿美元的估值。从历史来看，6 年已十分快速。今天的互联网公司不断快速崛起，空前增长，但它们往往也会快速衰落。互联网时代一个特别明显的特点,是"迭代"特别快。哪怕大公司如雅虎,现在也市值低迷,面临危机。有人归纳出独角兽企业的特点:好的创业点子、出色的执行能力和良好的时机。只要具备这些条件,在当今互联网时代,独角兽企业就很容易冒出来。所以即便是 BAT 这些巨头仍然如履薄冰,生怕一不小心,失去一个机会就被甩得很远。我们不必戴着有色眼镜看人,认为"独角兽"都是搅局者。"独角兽"未必都是吹出来的,但也未必都前途无量。从本质上说,胸怀远大,脚踏实地,这种企业家精神和价值观在互联网时代依然没有改变,只不过具体实践时,企业的运作方式、经营模式就不一定非要如此了。

我很赞同海尔的张瑞敏说的一句话:没有永远的企业,只有时代的企业。

从"砸冰箱"到"人单合一"的创业初心

根据埃德加·沙因在其《组织文化与领导力》一书的介绍，企业文化是指："在解决它的外部适应和内部整合问题的过程中，基于团体习得的共享基本假设的一套模式，这套模式运行良好，非常有效，因此它被作为对相关问题正确的认识、思维和情感方式授予新来者"。而美国管理学会院士杰恩·巴尼也认为，具备价值性、稀缺性和难以模仿性这三个特征的企业文化能够给企业带来持续竞争优势。

为"给世界管理学贡献东方智慧"，总结和提炼中国杰出企业家的管理思想和管理模式，复旦大学东方管理研究院联合复旦管理学奖励基金会和上海第一财经电视频道，共同发起"改变世界——中国杰出企业家管理思想访谈录"大型研究项目。首位访谈嘉宾便是有着丰富管理思想的海尔集团首席执行官张瑞敏。作为第一个被访谈的嘉宾，其在访谈中详细介绍了海尔集团的发展历程，以及他本人的管理方式，其中最为重要和基础的就是企业文化建设。海尔在创业之初，就高举企业文化的大旗。海尔的文化气质在很大程度上也反映了张瑞敏个人的信念和价值观。他曾说："所有成功的企业都必须有强大的企业文化，它会将所有的人凝聚在一起。所以，企业文化就是企业精神，企业精神就是企业灵魂，而这个灵魂如果是永远不衰、永远常青的，企业就会永续存在。"

那海尔集团的企业文化是什么呢？

根据企业文化的"洋葱理论"，企业文化从外到内包括五层：依次是形象文化、物质文化、行为文化、制度文化和精神文化。而精神文化中的价值观是企业文化的核心。在我看来，海尔最核心的价值观就是"两创精神"——创业创新精神。张瑞敏在多个场合提及，"两创精神"是海尔文化不变的基因。

海尔集团一路发展至今，从创业初期的举步维艰，到引进德国先进的技术和设备，全球化品牌战略阶段、国际化战略阶段、多元战略阶段以至今天的互联网战略阶段，从无到有、从弱到强，都充分体现了张瑞敏及海尔集团卓越的创业精神。同时，张瑞敏也提到了创业和守业的关系，围绕两者谁更难的历史难题，他给出的答案是"如果把创业和守业割裂来看，就永远没有正确的答案，唯一的出路是只有创业没有守业"。在他看来，创业精神的天敌是自己曾经成功的经验和思维定式，要想保持竞争力，必须"自以为非"。"自以为非"也正是我们项目的研究团队在撰写《中国杰出企业家管理思想研究丛书》中张瑞敏这一本的书名。

从美籍奥地利经济学家熊彼得在其《经济发展理论》一书中提出创新的概念到现在，创新已经成为所有企业家的共识。没有创新就没有发展。张瑞敏就鲜明地提出"创新无止境"。从"砸冰箱"到"砸组织"，这些内部的创新都是一种自我主动突破，均是自我颠覆。海尔的创新不仅仅包括一个又一个产品技术层面的创新，更重要的是时刻保持创新的观念、创新的业态和创新的模式。曾被写入哈佛商学院案例的"海尔文化激活休克鱼"就是最好的例证。从派管理团队进入被兼并的"休克鱼"企业，再到用海尔的文化同化"休克鱼"，最后成功激活"休克鱼"企业，海尔不仅输出管理，而且输出卓越文化，有效解决企业并购中最为艰难的文化整合问题。

在竞争异常激烈的当今时代，企业不创新就"等死"，而创新或许就是"找死"。但是，主动作为，置之死地而后生，往往能云开雾散，求得生机。互联网时代，企业已经没有时间享受成功的喜悦，唯有时刻准备做出颠覆性的创新，才能在日新月异、不断变化的市场环境中保持不败。海尔内部有个公式："创新＝变化＋速度"。如果虽有变化，但速度不够，仍然不是海尔所追求的创新。

正如张瑞敏在一篇名为"创新无止境"的文章中所写："中国古代的哲学家有句话'天下万物生于有，有生于无'；这与西方的'The most valuable things cannot be seen'有异曲同工之妙，创新是无止境的。"

品牌之道

PIN PAI ZHI DAO

"苹果"是否依然香甜

苹果公司近日发行了 iPhone10，却没有延续以往那种盛况，而是波澜不惊。对此，有分析人士指出该款手机定价太高，以至于不受消费者待见。自 2016 年开始以来，著名的苹果公司股价表现一直非常低迷。继糟糕的一季度报表导致该股出现 2013 年 1 月以来最大周跌幅之后，该股进入 5 月仍然开局不利，2018 年以来的累计跌幅接近 11%。美国当地时间 5 月 2 日收盘，苹果股价下跌 0.11%，收于 93.64 美元每股。这是苹果股价连续下跌的八个交易日，创最近 18 年来最长下跌时间，短短 8 个交易日，苹果股票市值就缩水逾 790 亿美元。祸不单行，一季度苹果手机出货量大跌逾 40%，备受关注的大中华销售盈利同比大跌 26%，至 125 亿美元。

面对苹果股价的如此表现，不少投资者和普通民众都大感疑惑：苹果公司到底怎么了？是美人迟暮、神话破灭，或是一时失手，还将雄起？这个精致美丽，被众多粉丝追捧的"苹果"，是否依然香甜？

苹果公司当年的无限风光，至今让人记忆犹新。虽然相比其他品牌手机款式的琳琅满目和价位的错落有致，苹果几乎只是销售一种款式的 iPhone，但其火爆程度却和众多竞争品牌不可同日而语。"果粉"们通宵达旦排队无怨无悔，一旦拥有便欢呼雀跃，不少苹果产品的消费者甚至为了拥有一台苹果手机或其他产品，甘愿等待数月。而与此同时，其他品牌手机却波澜不惊，甚至乏人光顾。曾几何时，诺基亚手机的全球市场占有率一度超过 70%，数十亿人的第一部手机都是诺基亚。诺基亚品牌价值一度达到 552 亿美元。但自从苹果公司在 2007 年 1 月推出 iPhone 以来，诺基亚的销售业绩和市场份额便节节败退，连年萎缩，2007 年三季度其市场占有率只有 32.4%，其股价也下跌了 47%。

关注苹果如今出现的"滑铁卢"，虽其走势还将拭目以待，但我们依然可以从三个层面对其进行深层次思考。

一、战略层面

当互联网技术突飞猛进，人们对移动互联网的优越性认识明显提高，对其依赖性日益上升，广大消费者已经不满足于仅仅用手机打电话、发短信，而是希望借助这一移动终端做更多事情。这时，以 iPhone 为代表的智能手机及时迎合了人们的这种需求。苹果公司对手机的研发和其产品精致美观的外表，既满足了对手机使用功能的新要求，又满足了人们追求时尚的高科技产品的消费心理，因此刚一问世便受到广泛欢迎。而当时的诺基亚手机，还停留在昔日辉煌之中，固守着功能手机昔日的地盘，未能进行及时的战略调整，因此在苹果手机的强大攻势面前溃不成军。而如今将近十年过去了，智能手机技术已经不再是苹果一枝独秀，而是遍地开花，但在这 10 年中，苹果手机无论在外观还是功能上却变化不大，鲜有亮点，且新品开发乏力，致使大批"果粉"渐渐开始失望。在企业战略上，一个企业要想在激烈的商业竞争红海中胜出，一定要做到"人无我有，人有我优，人优我特"，而且要持续保持这种势头，否则就会如逆水行舟，不进则退。但苹果公司在竞争对手都相继开发出和苹果同类产品的情况下，未能及时做出战略调整。即便如可穿戴智能设备如苹果手表等也乏善可陈，极为一般，致使消费者感觉失望。

二、技术层面

当年苹果之所以能一举击败诺基亚，靠的是其优秀的触屏技术，当诺基亚手机的使用者还在一个键一个键地按键盘时，苹果的触屏、手写等功能让人眼睛一亮，且可极为方便地收发邮件、短信等。作为以消费娱乐为代表的手机，苹果的"鲜美"无人能比。在酷炫的外壳下面，苹果的核心竞争力在于它为使用者上网冲浪提供了方便，触摸屏和按钮操作系统能够保证你只用一个触摸点击动作就能够连上互联网，并且在网上做种种你喜欢做的事情。或许是查水电费，或许是联网游戏，更或许是刷微博微信。借助这一技术，苹果推出了各种神奇的 APP，使手机不仅具有通信功能，同时极好地兼备社交、娱乐、学习、金融支付等各种实用功能，用先进技术实现人们对移动互联网的驾驭，并极大地增加对手机的依赖性。这其中，苹果公司在研发上的投入和技术储备功不可没。但如今，这种触屏技术已经为各家手机厂商所掌握，无论是韩国的三星，还是国产的华为，即便是那些没有名气的小品牌手机，不说外观粗看几乎和苹果差不多，而且全是触屏手机。虽说可能在体验上还有些许差别，但和动辄几千元的差价相比，其他品牌手机在性价比上还是有很大优势，因此，在苹果没有持续的新技术应用于手机等产品的情况下，消费者掉头他去也就不足为怪了。

三、趋势层面

客观而言，苹果公司是一家伟大的公司，当年乔布斯的演说使得多少人心潮澎湃？但自从2011年乔布斯去世之后，苹果公司虽然在营销和造势方面依然风头强劲，但在技术研发和新品推出方面确实势头略减，给人以后续乏力之感。尤其是苹果系列手机虽然不断有新品推出，但仅做细节改进，缺乏产品亮点，未能持续吸引消费者的心。虽然目前股价暂时停止下跌，但见微知著，这一趋势的出现值得苹果公司高层管理者引起高度警惕。诺基亚、柯达的前车之鉴刚去不远。这些当年不可一世、独占鳌头的大企业，就是因为未能及时识别科技变革和市场发展趋势，未能及时做出有效的战略调整，因而从高峰坠落，至今一蹶不振。

在上述思考后还产生一些联想：如今上海正在建设国家科创中心，这无疑给上海经济的转型升级带来新的契机。但是建设国家科创中心，除了在科学技术这些"硬"的方面要有大手笔、大投入之外，在科技发展趋势分析和社会未来走向研究这些"软"的方面同样不能忽视。因为，只有发展方向正确了，创新研究出来的技术才能很好推动社会前进，才能促进中国经济健康发展，否则即便在技术创新上用了很多功夫，但如未能把握社会发展方向和需求趋势，大投入便不能带来高产出，更不能导致有效产出，便徒然浪费人力物力。

中国俗话说，人无千日好，花无百日红。作为旁观者，虽然我们对苹果公司的暂时表现不佳不必过分敏感，也不可能要求企业发展一直呈上升趋势，总会有波浪形起伏。但是海尔集团首席执行官张瑞敏有言：当今互联网时代是迭代更新的时代。确实如此，当今社会发展极快，商业竞争空前激烈，新技术、新产品层出不穷，无论是产品还是商业模式，其更新和取代都是迭代模式。这种迭代创新使得旧模式、旧产品毫无招架之力并且瞬间崩塌。数码取代胶片、微信取代短信、快递取代邮政、移动互联取代固定网络等无不如此。诚如美国哈佛大学商学院教授、《创新者的窘境》一书作者克莱顿·克里斯坦森所言："这种创新，一方面'杀死'产业领袖，另一方面，给新企业提供进入行业的机会，我们称之为破坏性创新。而破坏性创新总的来说，是让复杂而昂贵的产品变得更便宜，使用门槛更低，让更多的人可以使用它"。因此，每一个企业的领导人，哪怕企业做到了产业领袖，但如不思进取，同样会被"杀死"。在这个意义上，企业经营者要具有极其敏锐的商业嗅觉和前瞻思维，切不可盲目乐观或掉以轻心，同时要永远保持强烈的进取精神，否则无论企业曾经多么辉煌，黯淡也会很快。

创建优秀的金融服务品牌

当前,外资金融企业进入中国大陆市场的步伐正日益加快,而中资金融企业所面临的竞争日趋激烈。在这种状况下,金融企业如何通过优质服务,创建优秀的金融服务品牌,从而有效提升自己的核心竞争力,已成为当务之急。

一、商标和品牌

在市场经济中,品牌的作用是不容忽视的,品牌的含金量越来越得到市场和消费者的认可。

品牌,俗称牌子,指的就是商标和商号。从品牌理论来看,商标、品牌是用来区别和验证某个经营者(服务者)的商品(服务)的一个名字或一项设计,其组成内容是读音、文字、图案、颜色。由读音和文字、图案、颜色等组成的商品(服务)名词和设计,就形成了一个完整的区别和验证商品(服务)的标识。品牌除了作为一种标识、符号和文字,起到帮助消费者识别某种商品或者劳务的作用以外,一个品牌要想获得市场和消费者认可,很重要的一点是要高度关注消费者的感受。亚马逊公司的 CEO Jeff Bezos 就曾经说过:"品牌就是你与客户之间的关系。说到底,起作用的不是公司在广告和其他宣传中向客户许诺了什么，而是客户反馈了什么以及你又是如何对此作出反应的。简而言之，品牌就是人们私下里对你的评价，因此，口碑极其重要"。

创出自己的品牌，乃至创出名牌，几乎是每一个公司的领导人孜孜以求的愿望。但是品牌的创建之路并非一蹴而就，而是需经过多方面的努力和长期奋斗。

一个优秀的、获得消费者高度认可的品牌，需要具备这样六层含义。

1. 属性

一个品牌首先给人带来特定的属性。例如奔驰汽车就表现出尊贵、制作精良、耐用、高声誉等，这就是奔驰品牌的内在属性。

2. 利益

品牌不仅仅限于属性。顾客购买的不是属性，是购买利益。因此要把品牌的属性转换成功能利益和情感利益，从而吸引消费者购买。

3. 价值观

品牌中会体现制造商的某些价值观。例如沃尔沃汽车把很多力量用在汽车的安全性方面，它可能款式不是最新潮，但被誉为是最安全的汽车。

4. 文化

品牌体现出一定的文化。例如丰田汽车就代表着日本文化：节油、线条柔和、人性化、注重细节等。

5. 个性

品牌是有个性的。我们提到某一个品牌时，在脑海里通常会浮现出一种与之有关联的个性。例如我们都知道，对于高档汽车而言，有一句话叫作"开'宝马'、坐'奔驰'"。

6. 使用者

品牌的含义往往还体现在购买和使用这种品牌产品的是哪一类消费者。这也会给人留下一种深刻印象，借以识别某一个品牌。

二、市场经济新态势下的品牌创建

在建设社会主义市场经济的过程中，中国经济正在经历转型升级。在这种新态势下，如何创建优秀品牌，以提升企业竞争力，是每一个经营者都在考虑的问题。

当前，随着我国改革开放的深入，中国市场出现一些新的情况，其具体表现在以下方面。

（1）产品丰富化。拿银行卡来说，就有很多种类，例如借记卡、准贷记卡、信用卡、联名卡、双币卡等。而各家保险公司推出的险种更是名目繁多，层出不穷。更不用说，金融支付还面临着各种非卡支付手段的有力竞争。

（2）市场细分化。例如在保险市场中，不仅有通常的寿险、财产险等大类划分，即便在寿险中，也有针对不同年龄段、不同种类人群，以及保障型、投资型等不同消费需求的市场细分。

（3）选择多元化。面对琳琅满目的商品，消费者可以有多种选择，而且兴趣也会经常转换。当前的中国市场，完全呈现出"买方市场"特点，消费者只要花钱，没有买不到的商品或者服务，因此消费者的选择越来越多。而面对企业花样百出的促销手段，消费者的兴趣也会经常转换，所以企业的"产品生命周期"就比以前大大地缩短了。

（4）购买谨慎化。由于商品众多，企业促销力度加大，消费者在琳琅满目、日益发展的市场中也显得更加成熟，购买起来就更加谨慎。

在这种新的市场竞争态势下，每一个企业，都必须深刻认识到品牌创建的紧迫性。品牌是企业和社会的重要资源。企业创建品牌，可以培养一批品牌忠诚的消费者，使企业的市场份额日益扩大，同时可以依靠知名品牌提升企业核心竞争能力，扩大销售额。

对于企业而言，品牌是一项重要的资产。企业要打造优秀品牌，必须对于品牌资产有一个清晰认识。品牌作为一项无形资产，主要体现在五个方面。

（1）品牌忠诚度。品牌忠诚度指的是消费者由于对某个品牌留下非常良好的印象，因而会持续购买同一品牌的商品，即使是面对更好的产品特点、更多的方便、更低价格的其他产品时，也不轻易动心。具有高忠诚度的消费者是企业必须高度重视的消费者群体，尤其是其中处于高位的"承诺购买者""情感购买者"和"满意购买者"等消费者群体，是企业必须花大力稳住的对象。品牌忠诚度的价值，首先在于可以有效降低企业的营销成本。其次，具有高忠诚度消费者的品牌，在和渠道的沟通谈判中，具备较好的谈判能力。第三，一个品牌如果具备一大批高忠诚度的消费者，这些人会成为企业品牌的"活广告"，进行有效的口碑传播，帮助该品牌企业减少新消费者对于风险的认知，为企业赢得更好的效益。

（2）品牌知名度。品牌知名度是指消费者在提到某一种类别的产品时，脑海中能想起和辨识某一品牌的程度。例如提到鲜奶，消费者会想到的品牌是：光明、蒙牛、伊力、均瑶等。提到保险，消费者则会脱口而出人保、太平洋保险、平安保险等。我们在日常生活中，往往听见有人在向其他消费者推荐某一品牌时，对方会回答一句："这个品牌，听都没听到过"。这就说明该品牌缺乏知名度，从而在消费者心目中没有位置，当然也就很少有可能去购买。

（3）品质认知度。品质认知度指的是消费者对某一品牌产品在其品质上的整体印象，是对其产品（服务）质量的认可程度。好的品牌产品，一定具有高品质，因此品质认知度对于品牌的知名度和品牌忠诚度具有极其重要的作用。品质认知度由产品的功能、特点、可信赖度、耐用度、服务程度及高质量的外观等各方面所构成，缺一不可。而且在现代市场竞争中，产品的同质化倾向越来越强，因此在一项产品中，技术的因素固然非常重要，而服务以及品牌文化含量等方面因素的作用就日益突显出来。品质认知度的价值在于：第一，它提供给消费者一个购买的理由。第二是品牌产品高价位的基础。因为品质高，所以价格就可以高出其他同类产品，俗话说"好货不便宜"就是这个道理。第三是成为差异化定位的基础。

（4）品牌联想。品牌联想是指所有透过品牌而会使消费者产生的联想。像麦当劳，消费者就可能会联想到汉堡、麦当劳叔叔、干净明亮的环境、小孩子的天堂等。品牌联想的价值，在于给消费者提供一个选择的理由，使他能更好地认识到产品的特点，同时使其对该品牌产生正面的态度和情感，成为具备高忠诚度的消费者，另外也给品牌的延伸提供一个本质和策略上的依据。

（5）知识产权。品牌的知识产权主要表现在该品牌的注册商标、该品牌产品所拥有的专利权、著作权等知识产权方面。品牌知识产权体现出品牌产品的独特性和唯一性，可以有效地防止他人假冒，为品牌的保值增值提供法律上的依据。

品牌是一个国家、一个城市更是一个企业的名片。在我国经济发展过程中，企业一方面要在产品的技术含量、制造质量和营销手段上多下功夫，努力做到有所创新；另一方面又要高度关注品牌的重要性，着力打造优秀品牌，提升产品的品牌价值。

三、金融服务品牌的特点

金融服务行业由于其行业特性，它的品牌具有以下各项特点。

1. 可信度要强

消费者对金融业最主要的需求，是可信、可靠。尽管消费者对金融服务业可能有多种需求，但金融业提供给消费者最主要的核心利益应该是安全可靠。就银行业来说是达到消费者希望保值升值的目的，就保险业来说做到物有所值，使消费者支付保费以后享受到应得的保障和服务。这一特点体现在金融服务业的整个服务过程中，例如员工的行为、语言等，不能用含糊不清、模棱两可的语句来回答顾客，更不能出尔反尔，或者是在销售保险产品时讲得"花好稻好"，做出不可能的承诺，而需要赔付时则百般设卡，不讲诚信，失信于消费者。上述这种不良做法，可能企业有时能获得一时的利益，但是最终将对整个产品乃至企业品牌带来毁灭性的打击。

2. 面向全社会

现代社会中，每一个社会公众都要接受金融服务，衣食住行各方面生活都离不开金融。而且，由于现代社会节奏越来越快，社会中各种不安定因素也在增多，因此保险等金融服务产品的需求将会越来越强烈。但是竞争也非常激烈，这就更加突出品牌竞争的重要性。如何针对消费者的需求，设计个性化、有特色的金融产品，在产品内涵和服务过程中充分凸显品牌特点，并进行面向全社会的有效传播，是金融行业的每一个企业都必须高度关注的课题，也是中国金融企业在经营管理中所急需补上的一课。

3. 连续性

金融服务伴随人的一生。虽然我们金融业的产品品种越来越多，服务手段也日益多样化，但整个金融服务在人的每一个发展阶段都具有非常重要的作用，金融服务品牌的影响力也具有很强的连续性。例如，某一家保险公司的某一个产品使消费者深切感受到它的优良的产品和服务质量，那么伴随着这个消费者的一生，他可能都会选择这家公司的产品，并会努力将其推荐给周围人群，从而给企业带来很好的效益。

4. 注重服务中的人文性

金融企业所创建的是服务品牌，直接面向消费者进行营销,因此更要注重服务中的人文性,提升服务中的文化含量。作者最近在某城市出差时,看见每一个银行门口都高悬一条标语:"反洗钱——我们的责任",不禁深感诧异。这句话从道理上来讲固然没错,银行当然有反洗钱的责任,但是将它作为一条标语,高悬在银行门口,似乎缺乏一点人文性。它给人的感觉是,凡是来该银行存款的客户,都或多或少带有一点洗钱的嫌疑,这且不说与我们通常提倡的"客户至上"等原则相悖,就是用普通的人性化标准来衡量,从建设和谐社会的角度,也是有所欠缺的。

四、创建高品质金融服务品牌的十大策略

对于一个金融服务企业来说,创建品牌具有十分重要的意义,而服务则是金融品牌创建的根本保证和核心手段。

根据企业管理、品牌经营的相关理论,在创建金融服务品牌的过程中,要做到以下几点:

1. 充分认清竞争态势

目前无论在银行、保险或其他金融行业中,中国企业所面临的竞争态势都十分严峻,我们所面临的国外竞争对手都具有悠久的历史和强大的实力,具备十分丰富的运作经验,并具有很好的品牌优势。而且,随着我国对外开放的逐步深入,还会有新的竞争对手相继进入中国市场。在这种状态下,我们每一个金融企业都要树立强烈的忧患意识,努力把

自己打造成学习型组织，充分认清竞争态势，全力以赴做好准备。

2. 明确企业定位

目前很多金融企业，还属于全能型。即使像保险公司等虽然有大类的分工，但在某一类中产品线还非常宽广，所以各家保险公司所推出的产品非常雷同，缺乏个性。这固然有国家政策限制的因素，但是这也和各公司还处于粗放型经营阶段，对保险市场研发和深度挖掘还很不够有着密切的关系。在市场经济格局下，企业要有明确的定位，借用一句时髦的话来说，也要"有所为、有所不为"，只有这样，才能树立鲜明的品牌形象，使消费者对你的品牌产生清晰的认知。

3. 拓展品牌内涵

品牌是一个载体、一种标识，要使品牌的竞争能力增强，就要不断拓展其内涵。创建一个品牌固然重要，而充实服务内容，注重服务创新，使服务对象和服务产品内容不断扩展，充实品牌内涵就更为重要。

4. 加强服务营销

在现代社会中，具备知识含量的服务业将会有极大的成长空间。上海市领导也提出要把现代服务业作为上海的支柱产业。在金融品牌的创建中，加强服务营销是重要一环。这种服务营销,其基本内容有服务设计,及时设计新颖的服务产品;服务传递,将产品内容和品牌形象有效地进行整合营销传播;顾客接触,公司的各类服务人员要和所服务对象进行广泛深入的接触;顾客满意,公司可以经常测试客户的满意程度,通过这种调查和测试来了解公司的产品和服务还有哪些方面不足,并及时加以改进。加强关系营销和数据库营销,充分利用公司已经建立起来的良好客户关系,拓展企业的营销工作;利用公司所掌握的客户资料,进行数据挖掘,将顾客分层分类,有针对性地开展服务工作。

5. 坚持客户导向

在服务过程中,服务提供者要坚持以客户为导向,不断研究消费者心理和行为,运用现代科学的各种手段和各相关学科知识,提升客户满意度,精心维护品牌。

6. 叫响一个理念

为了弘扬企业品牌,要强化优秀的公司理念。目前,很多金融企业都有自己的理念系统,但是真正将其落实到经营管理的每一个环节、每一个层面的并不多。因此,要积极宣传企业的使命、价值观等理念,并将其落实到行动中去。

7. 建立优秀制度

俗话说,没有规矩不成方圆。打造优秀品牌要依靠制度保障。我们可以通过创建学习型企业、实施人本管理、流程再造等一系列制度变革，用优秀的制度来保证品牌工程的实施。

8. 倡导优秀行为

品牌的内涵要落实到企业的各种行为之中，金融企业要以服务来提升品牌形象，主要可以从两个层面来开展工作：一是优秀的管理行为，用优秀的管理行为体现出公司的管理水平，二是优秀的员工行为，用优秀的员工行为来让客户感受到本企业品牌或产品品牌的质量。

9. 创建"追求卓越"的企业文化

品牌是文化的象征，品牌的背后是文化，要使品牌生生不息，具备很高的含金量，就要不断给品牌输入新的文化内涵，提升品牌的文化品位，以优秀企业文化来提升企业核心竞争力。

10. 全面导入品牌形象

金融企业要通过各种渠道，将自己的企业品牌和产品品牌全方位向市场和消费者导入。在当前知识经济时代，我们要根据企业管理的相关理论，充分运用各种现代化手段，将品牌形象立体地展现在消费者面前，使消费者对本品牌产生良好的印象。

中国金融业已进入品牌竞争时代。在激烈的市场竞争中，每一个金融企业都必须树立明确的品牌意识，不断提升产品质量、服务意识和服务水准，提升顾客满意度，从而有效地提升企业竞争力，为中国金融业发展和全社会做出更大的贡献。

管理有道

工匠精神的土壤，还缺些什么

早在"工匠精神"被写入政府工作报告之前，这个词已经火了一阵。苹果手机、日本马桶盖、电饭锅、德国不粘锅、滤水壶持续热销，更多技艺精湛的货品、小而美的精品店在都市里受到热捧。近来，类似《寿司之神》《大国工匠》《我在故宫修文物》这样的纪录片播一部火一部。后者意外地在90后人群中走红，并在豆瓣获得了9.5分的好评。凡此种种背后，都体现出国人对工匠精神的认同与敬重。可我们又不得不承认，它在我们身边，仍然如此稀有。

一、工匠精神是一种价值选择

时至今日，改革开放走过了第40个年头，当我们经历了物质匮乏和假货充斥的年代之后，"工匠精神"被很多人肯定与敬重，但行文间似乎充满了对一种"古典主义情怀"的追慕。毕竟，回望中国的历史，我们也曾经涌现过不少精益求精的能工巧匠。在当下的中国社会，"工匠精神"真的成了一个很古典、被追忆的对象了吗？

"工匠精神"以及体现工匠精神的产品，是需要社会

"需求侧"成熟程度的配合的。如果我们大家的收入都还比较低，物质比较匮乏，人们的基本物质需求还没有得到满足，过分强调"工匠精神"，提供那些因为精工细作而价格较高的产品，会和消费者的需求和支付能力脱节。在物质短缺时期，人们最根本的需求是"从无到有"。只有解决了"可用""买得到"又"买得起"等现实问题之后，才是对更高品质的追求、对更好产品的需求和欣赏。由此来看，现在我们追求工匠精神的整个社会环境，可以说是比较成熟了。所以这也成为工匠精神火爆的一个背景。

说到工匠精神在当下的"不易"，曾有人举了家具行业的一个例子：木匠出身的领导带领的家具企业，其产品质量普遍好一些，而其他营销等出身的相对会弱一些。这个现象说明了什么？工匠精神与现代企业对效率、效益、营销的强调之间，精益求精的埋头苦干与轰轰烈烈、强调分工协作的工业化大规模生产之间，注定构成一些内在的张力甚至是矛盾？在我看来，工匠精神与工业化生产之间是不矛盾的。工匠精神更多是一种价值观，是一种"不忘初心"，而不是简单的技术、方法问题。它更多是一种对产品、对技术的敬畏，以及骨子里想把事情做好的信念和决心。而那些基于价值观的选择，完全可以体现到工业化流水线制造中。方太集团董事长兼总裁茅忠群给我讲过一个例子。他们设计抽油烟机时提出了一个挺高的要求，结果等到要投入大规模制造的时候，工程师就跟茅总讲，这个设计费料、费工、费力，要不要简化一下工艺？但茅总坚持认为要用好的设计，原来的设计不仅产品外观好看，且有更强的实用功能，他们决定还是按照设计稿去做。《改变世界—中国杰出企业家管理思想访谈录》研究项目曾经采访格力电器董事长兼总裁董明珠。她也提到，同样功率、款式的空调，格力的比其他品牌重15斤左右。为什么？因为钢材厚，里面的铜管也厚。他们追求的是精工细作、真材实料。以上两位，提供的显然都是工业化的产品，不是敲敲打打手工做出来的。工业化制造同样可以体现工匠精神。只要你认同这种价值观，一个企业完全可以把它渗透到从制造工艺到设计生产流程管理、人才培训等方方面面。所以，如果说工匠精神在当下面临挑战，从根本上来说，它其实就是一种价值观的叩问和选择：一旦你从事某种事业或者职业、制造某种产品时，你是否愿意努力把它做到极致；还是说，你永远觉得，做到80、90分甚至60分、能在市场上卖掉，就够了。

二、工匠精神需要怎样的社会风尚

要让工匠精神这种价值选择得到坚持和传扬，我们现在的土壤里最缺什么？

我们可以做一个简单的测试。一个日本人，20岁开始做寿司。如果到了60岁还在做寿司，旁人大多会说："啊，他做了这么多年寿司，积累了丰富经验，成为做寿司的前辈，真是值得我们学习啊！"而一个中国人，20岁开始做包子，如果到了 60 岁还在做包子，旁人恐怕转身就对自家的孩子说："看，你如果不好好学习，就一辈子都在做包子。"这样的反差有点让人寒心，却很真实，能反映出中日两国，至少在当下，在对待工匠精神上的文化差异。更进一步来说，"职人"，是日语中对于拥有精湛技艺的手工艺者的称呼。过去主要是指传统手工业者。如今许多掌握着尖端技术的制造业者也可以被称作"职人"。"职人精神"则代表着精益求精、坚韧不拔和守护传统。在日本，"职人"是一个令人肃然起敬的称谓。上述做了 40 年寿司的日本人便可被称为"职人"。但类似的肯定、尊重和荣誉感，在我们这个社会里不怎么容易看到、被感受到。所以，如果说我们现在的土壤里最缺什么，首先就是一种对"职人精神"，即我们常说的"工匠精神"的认同。如果没有这种价值主导，这种精神本身无法渗透到每个人的内心，单靠工作内容本身的趣味、操作守则的细化，工匠精神很难实现并且持久。

反观当今中国缺乏工匠精神的要害所在，我认为至少有下面几点：

第一，人心浮躁、六神无主。一些管理部门急着要出政绩；很多企业想着超常发展，弯道超车；一些大学想着明天就跻身世界一流；不少百姓想着一夜暴富。这种浮躁现象的成因，一种就是道德命令的失效。比如，以前主流宣传号召人们为共同体（例如企业）努力工作，以事业为重。但现在人们发现这类共同体并不可靠。一些企业变成管理者的私产，一遇困难往往是员工倒霉。既然如此，怎能要求我用工匠精神，用虔诚的工作态度，来把事情做好呢？

第二，盲目鼓励竞争，缺乏合作共事、将事情做好的心态。对"末位淘汰""拿数字说话""以绩效定报酬"等管理手段则存在片面理解。很多企业不问员工努力过程，只看最后数字结果，注重短期绩效，而绩效考核又大多落到个人头上。以至于人们为了相互竞争而不愿合作，为了短期回报而急功近利。当一个鼓励人们好好工作的集体目标变得空洞时，比如"事业心""爱厂如家"等缺乏说服力，人们就会敷衍了事。而激烈却过于功利的竞争，同样会打击劳动者的热情，阻止他们提供优秀的劳动成果。

第三，很长时间以来，我们社会上有一些优质的产品并不优价，或者没有获得应有的赏识。例如招标采购往往是价低者得。因此前者在企业成本核算的前提下，可能会被牺牲；后者在整个社会的消费认识、消费能力还没达到一定水平时，往往会被忽视。在当前商业信息充分流动和透明的市场中，物美者要做到价廉是非常困难的。

好在，现在随着消费理念的日趋成熟、人们生活水平的提高，支付能力的提升，消费者已经开始愿意为优质、有个性的订制产品支付更高的价格。而优质优价的产品注定需要能够更好地贯彻、体现工匠精神，当它们有了稳定的消费群体，柔性流水线、智能制造等新生产方式、互联网+等新生产要素又为大规模个性化订制奠定强大的生产基础，整个工匠精神的土壤也会变好。

三、工匠精神并非就是瑞士钟表

事实上，现在不少民众对品质的追求，似乎走到了制造者的前面。于是有了这几年持续高烧的"全民海淘热"。广大中国消费者疯狂海淘，除了有价格因素之外，还有对海外商品质量的信赖和款式的喜好。中国制造要走一条"品质提升"之路，是可持续发展的需要，更是国民消费倒逼的生存所迫。那么，除了价值观的倡导、消费文化的提升，尊重技艺，踏准技术升级、消费升级的东风，我们还有什么办法，可以让工匠精神的土壤变得更肥沃些？

目前整个中国市场的二元化结构还非常明显，应该看到，"大路货"仍然有很大生存空间。这时企业就需要做一个选择，是愿意花功夫、投成本去研究、开发新技术、新工艺、新产品，提升产品竞争力，还是延续过往的路径，打打价格战也能捞到不少？这就和企业领导者的经营理念以及企业定位和发展战略有很大关系。在我拜访过的不少知名制造企业的领导者眼中，虽然工匠精神已经成为他们的共识，但他们也有困惑，比如，对无序竞争的困惑，对盲目的价格战的困惑。

所以，除了企业内生的工匠精神追求，整个社会层面，尤其是政府制度建设层面，需要为工匠精神的弘扬保驾护航。一方面，确保市场上的充分竞争、优胜劣汰，而不是政府保护、地方保护、行业垄断;另一方面,遏止无序竞争,尤其知识产权保护方面的相关法律法规、执行力度也一定要跟上。

当然,工匠精神并不一定意味着要高价,"好"未必就"贵"。一说到工匠精神,就联想到瑞士钟表,也是片面的。以日本的无印良品、优衣库为例,它们可以说是平价产品中工匠精神的代表。它们认真研究消费者的需求,围绕着品牌打造出一整套消费文化、生活方式。它们的"定价策略"则启发我们,成本与品质之间的平衡是可以实现的,在合理的价格区间,完全可以为消费者提供更有品质、更有设计感的产品。说到底,市场定位背后仍然依赖企业家的追求。除此之外,需要你有经营管理上的艺术,能够说服消费者来选择你的产品。星巴克的咖啡比85℃贵一倍不止,但它照样有本事卖得掉。它的布点、营销、对消费者的养成教育,它提供的所谓"第三空间",无一不折射出它的经营智慧。它能把这些细节一一做好,也是工匠精神的一种体现。

如今的工匠精神,显然已经翻开了新一页,与现代化制造过程、大规模生产语境密不可分。可说到工匠精神,我们的脑海中还是止不住会出现一些个体的身影,"寿司之神"小野二郎、故宫里修护文物的高级技师。这可能跟我们的宣传有关。其实,我们现在宣传工匠精神最大的意义,在于能否将工匠精神渗透到现代化的制造过程当中,而绝不是再让大家回到手工作坊中。千万不要一提工匠精神,就马上联想到一盏昏黄的电灯之下，一个老皮匠在一针一线地缝制手工皮鞋的场景。如此的工匠精神作为"非物质文化遗产"或许有保护意义，但在现代社会中作为商品生产技术应用是没有出路，也是注定不可持续的。工匠精神是一种精神、一种价值观，不是一种简单的工作方式，它完全可以渗透到现代化的生产制造中。

此外，从文化自信角度而言，工匠精神也绝非舶来品。《大学》中引用商朝开国君主汤刻在澡盆上的誓言曰：苟日新，日日新，又日新。只要我们时时保持创新意识，处处有一点小的创新，每天进步一点点，便能积小胜为大胜，将事情做到极致。这正是工匠精神的精髓所在。

管理有道

国产大飞机，缺乏一个响亮品牌

2017年5月5日，国产大飞机试飞成功，各方一片欢腾。中国终于有了自己制造的商用客机，这进一步体现了中国的综合实力。

但是，欣喜之余，总觉得国产大飞机缺少了一点什么。仔细一想，国产大飞机缺乏一个响亮品牌。

品牌是商品的名片，是一个商品不可或缺的要素。营销大师科特勒指出，"品牌是一个名字、名词、符号或设计，或是它们的总和，其目的是要使自己的产品或服务有别于其他竞争者"。从消费者角度而言，品牌代表消费者对商品或服务的感受以及由此而产生的信任及商品其他意义的总和。消费者对一个商品产生认知、信任乃至最终进行选择决策的过程中，品牌是一个不可或缺的要素。关心品牌的人士都熟知那句话，"假如可口可乐的工厂被一把大火烧掉了，全世界第二天各大媒体的头版头条一定是银行争相给可口可乐贷款"。这是因为可口可乐以多年的苦心经营，获得了广大消费者的信任，以至于银行都知道给可口可乐公司贷款是只赚不亏的生意。而从企业角度而言，品牌是一个企业物质属性和精神属性的最高结合点，它具有极其丰富的内涵，集聚了企业所崇尚的价值观、制造观、服务观、质量观，系统、全面、形象地反映企业的追求。而且品牌也是一个企业对外宣传商品形象、企业形象的最佳媒介。

作为一个重要商品，国产大飞机虽然一炮而红，已经获得了570架订单，但要最终获得客户和旅客的信任，向全世界展示中国制造商用客机的良好形象，没有一个响亮品牌，无疑是一个极大遗憾。或许有人会说，C919可否作为一个品牌？回答是否定的。C919只是一个型号，或许随着中国大飞机工业的进展，将来我们还会看到有929、939，也可能会出现其他型号序列。记得商飞公司曾经发起过一个为国产大飞机征名活动，C919大概就是这个活动的产物。但这并不能替代品牌。

2017年5月初，国务院办公厅发文，批复同意设立"中国品牌日"。该批复称，同意自2017年起，将每年5月10日设立为"中国品牌日"。具体工作由国家发改委会同有关部门组织实施。这无疑释放了一个强烈信号，即在中国经济转型升级的重要时刻，中央政府充分认识到品牌创建的重要性，开始重视打造中国优秀品牌的各项工作，有关中国品牌建设的任务将被提上重要议事日程。因此，在首次"中国品牌日"来临之际，讨论大飞机品牌又有了不同寻常的含义。在中国品牌建设的总体战略中，央企等大型企业作为领头羊的作用责无旁贷，他们在中国经济发展中作为主力军，具有重要的战略作用，这种重要的战略作用同样要体现在中国企业的品牌战略体系中。因此，作为中国制造到中国智造的代表性产品，大飞机作为中国调整产业结构，全面提升制造能力的一个象征，如能有一个响亮的中国品牌，将不仅使大飞机能够如虎添翼，而且也将为中国企业起到重要的引领作用。

作为中国商用客机最重要的符号，也是中国制造的大飞机从产品成为商品并走向市场不可或缺的一步，国产大飞机急需一个响亮品牌。外国客机我们都耳熟能详"波音""空客"等汉字品牌，中国的火箭也有"长征"，国产大飞机也应该尽早有一个响亮品牌，唱响世界航空市场，翱翔于万里蓝天。

老树如何发新枝——上海传统品牌创新的若干思考

随着中国经济的高速发展,品牌的重要性日益凸显出来,同时也成为从中央到地方各级领导和社会各界共同关心的热点话题之一。上海主要领导近日也提出创建上海"服务、制造、购物、文化"四大品牌,全面打响上海的品牌之战。

品牌竞争,企业无疑是主体。现代商战日趋激烈,在现代商战中,企业要占领战略制高点,这个制高点就是品牌。与此同时,品牌也已成为国家和城市竞争力的重要体现。

源于英语"Brand"的品牌一词,最早是指牲畜市场牛身上的烙印,而中国的品牌历史,最早可上溯到北宋时期山东刘家老铺出售缝衣针时包装上的"兔儿为记"字样。放眼上海,我们曾经创造出一大批名牌,二十世纪二三十年代,上海注册的商标总数占到全国注册商标总数的80%,拥有一批国内乃至国际知名的品牌。二十世纪后半叶,上海生产的"上菱"牌冰箱、"蜜蜂"牌和"飞人"牌缝纫机、"水仙"牌洗衣机等名牌产品,曾经畅销全国,风光无限。而如今,曾经的这些名牌已难见踪影。据统计,自本市开展推荐"上海名牌"以来,1995年首批荣获"上海名牌"的152个产品，如今只剩下不到 100 个，那些曾经为广大消费者耳熟能详、拥有一个颇引以为自豪的名牌产品，如今不少已淡出名牌榜，甚至绝迹于市场。

导致上海品牌衰落的原因，大致有以下几点。

1. 体制问题

品牌是一种无形资产，而无形资产的一大特点，是其增值性要通过企业的有形资产来体现。而长期以来，我们对品牌的这一资产特性认识不足，导致拥有品牌的主体不清。多家企业共享一个知名品牌，躺在前人身上吃老本，谁都想分享名牌一杯羹，而不愿为之付出，导致品牌资产逐渐贬值。全国几十家企业共享"冠生园"品牌，使得南京冠生园"陈馅月饼"事件一出，所有使用这一品牌的企业全部遭殃。而在计划经济时代品牌资源的无偿调拨，如上海名牌自行车在全国遍地开花，搞"以品牌为龙头的横向联合"，都大大降低了品牌含金量。如曾经发生的杭州"张小泉"和上海"张小泉"的品牌官司，更是严重暴露出品牌主体不清的弊病。没有一个企业真正为品牌负责，没有一个企业愿意为品牌做出有形和无形的投入，而只想从中获利，再大的金山也要被掏空。

2. 机制问题

品牌的背后是文化。一个品牌乃至一个名牌，其含金量主要体现在文化含量方面，需要通过长期积累，和消费者进行互动，不断地研究消费者的各方面需求，并把消费者的需求完善体现在产品的创意、设计、销售等各个环节，从而在消费者心中占据有利的地位。因此，一个名牌的诞生，绝非一蹴而就，而名牌的维护，也需要处心积虑，注重每一个细节，切忌急功近利。而现在很多企业，尤其是国有企业，对经营者的考核都注重短期化、功利性，许多企业领导人为了尽快做出成绩，都是所谓"三六九抓现钞"，只顾利用品牌来推销产品，不愿意花大气力来维护品牌，使品牌能保值增值。如此一来，品牌的资产就逐渐消耗殆尽。

3. 观念问题

今天中国的市场形势，可谓日新月异，新产品层出不穷，消费者喜新厌旧。在这种形势下，如果企业不注重研究消费者需求，不注重研究市场变化形势，努力做到不断创新，那么再辉煌的名牌产品或百年老店，也会在市场中陨落。我们一些传统名牌产品或著名的老字号企业，在观念上落后，缺乏创新意识，以至逐渐被人遗忘。著名的"王麻子"剪刀，历经三个半世纪的光荣和辉煌，生意最红火时，一个月曾经可以卖7万把菜刀，40万把剪子，但最终因为无力偿还到期债务而宣布破产。其主要原因就是因为观念落后，故步自封，不敢突破前辈传下来的条条框框，也不注重进行工艺改良，使得产品面貌陈旧，造成大量积压，与人们的现代生活渐行渐远。而反观国际同类名牌如"双立人""777"等刀剪产品，始终围绕人们的现代生活做文章，尽管价格不菲，但是畅销不衰。

4. 手段问题

沪上不少传统的名牌企业，将品牌的衰亡都归结为没有钱做广告。这固然有一定道理。在当今的买方市场态势下，"好酒不怕巷子深"的经再也不灵了，而应代之以"好酒也要勤吆喝"。但更进一步来看，广告宣传绝不等同于品牌创造和维护。成功的品牌创造，其核心是创造具有竞争优势的顾客价值。它通过品牌识别设计、凸显个性、张扬主张、整合营销传播、兑现承诺，最终建立被顾客高度认同的品牌印象。品牌创造和增值的过程，涉及战略、市场调研、品牌识别设计、产品开发、质量管理、生产、价格制定、销售渠道建设、广告、直接营销、事件营销、销售促进、服务、整合营销传播、品牌管理等全方位的工作。只有经过如此精心创造和维护的品牌，才能具有强大持久的生命力。而光靠广告宣传起来的品牌，是不堪一击的。曾经如雷贯耳的"秦池""三株"等品牌的失败，究其原因都是因为重心失衡，把过多资金和精力都放在广告宣传上，而忽视了其他相关的重要环节。

如今，品牌已成为制约企业竞争力的一大瓶颈，上海市政府也明确提出要全面实施品牌战略。如何使上海的老品牌焕发青春，需要进行战略和战术两个层面的考虑。

在战略层面上，需要秉承"有所为有所不为"的原则，对上海的传统品牌全面加以清理，进行分类处置。对目前市场形势很好的例如"回力"等，要采取各种措施、统筹社会各方力量使之进一步发展壮大；对具备生机、富有市场潜力的，则加以重点扶持；对尚存品牌价值，而国有企业因为种种原因不适合继续经营的，坚决将其卖给民营企业或个人；对已经完全失去价值的品牌，则让其消亡。与此同时，政府有关部门要从体制上理顺品牌的拥有者，明确品牌运作的主体，完善对品牌资产保值增值的考核机制。

而在战术层面上，拥有老品牌的企业则要从以下几方面做出努力。

观念创新。在当今这样的变革时代，再有名的品牌也要以变应变，改变传统的思维定式，密切关注市场变化，不断迎合消费者的需求和口味，全方位提升品牌的文化含量，塑造消费者的品牌认知。

技术创新。老品牌要在价值链上获得增值更多的那一块利润，就要用先进的科学技术不断使产品推陈出新，用新工艺、新技术、新材料提升产品档次，提升产品和服务的技术含量，更加符合当代消费者的喜好。在这方面，新近问世的万元一只的上海牌陀飞轮手表，就是可喜的探索。

手段创新。老品牌要改变"只重销售不重市场""只重推销不重营销""只重广告不重传播"等做法，在品牌传播手段上大胆创新。除了广告等传统手段以外，老品牌要充分挖掘自己的文化内涵，善打文化牌，借助文化营销、事件营销和联合营销等手段，确立自己的目标顾客群，在品牌维护和传播中更好地做到"四两拨千斤"。在这一点上，"恒源祥"的做法可供借鉴。

组织创新。只有产品能卖掉，才可称得上是真正的名牌。因此上海老品牌要放下架子，走出上海，面向全国，大力加强渠道建设，根据自身的产品特点，建立起高效的营销渠道和营销团队，使自己的产品能够辐射到更大的市场区域，具备更高的市场占有率。

品牌是城市的名片。上海这样的经济中心城市，必定要有一批具备相当知名度和美誉度、具备较高市场占有率的产品品牌、服务品牌、地域品牌，只有这样，才能有效提升上海的城市竞争力，无愧于上海在世界城市之林中应具有的地位。

麦当劳中国公司改名，需要那么轰动吗

家喻户晓的麦当劳公司，最近在中国出了一个新闻，就是将其中国运营公司名字改为"金拱门"。消息一出，不仅"麦粉"们炸了锅，网上各种调侃段子更是满天飞。

其实在我看来，这一事件大可不必大惊小怪。其原因有三。

其一，这是一项企业正常经营行为，外部人不必过度忧虑。

麦当劳中国公司本次改名，最主要原因是中信股份和凯雷资本收购原麦当劳中国（包括香港）业务后，成为中国大陆和相关独立运营的总特许加盟商，即原运营公司已不再是隶属于美国麦当劳公司的全资子公司，而成为中信和凯雷旗下子公司。因此从法律关系上，新公司的法律名称根据出资人的变更，也不再适合冠名以"麦当劳"字样。况且这也有先例，可以视为麦当劳公司一贯的做法。例如麦当劳总部出售拉美地区总特许加盟权以后，该地区的麦当劳公司也改名为"ARCOS DORADOS"（意为西班牙语的金拱门）。所以如今麦当劳中国公司更名，完全是该公司在企业并购之后所实施的一项再正常不过的经营行为，是企业一以贯之的做法，而且是基

于法律和并购整合基础所作出的，完全不是一时冲动或权宜之计，社会公众对此娱乐一下当然无伤大雅，但大可不必为此担心。

其二，此事对消费者的麦当劳品牌认知不会带来负面影响。

1990年，麦当劳公司在深圳开了第一家店，开始了其迈入中国市场的步伐，从此便一发而不可收，据不完全统计，麦当劳在中国大陆目前有2400多家店，虽然就数量而言少于肯德基，但依然以其便捷卫生的食品供应、严格统一的运营管理和色调明快的店堂布置，吸引了大批消费者，尤其是年青一代。而且正是麦当劳、肯德基这样一些国际著名企业进入中国市场，才使得CIS（Corporate Identity System，企业识别系统）这种有助于提升企业形象，加强消费者企业认知和情感信任的经营策略，开始被中国企业家和广大消费者所熟悉。而且其统一的品牌符号辨识，使得人们无论身处何地，只要看到那个金拱门标志，哪怕口袋中只有50元人民币或者10美金，都敢大摇大摆地走进去享受一顿虽谈不上美味但也并不难吃、且比较放心还带有点异国情调的快餐。麦当劳公司在品牌营销上始终做得非常成功。1952年，麦当劳的创始人麦克唐纳两兄弟理查德和莫里斯想为他们的汉堡快餐店设计一所可以连锁的主要位于公路两侧的快餐店。经过构思，理查德在设计草图上位于餐厅两侧的地方画了两个半圆形的拱门，他认为这种醒目的造型图案能很好抓住饥饿的开车人的眼球。随后,建筑师斯坦利·克拉克·密斯顿将图纸上的两个半圆改为两个更为醒目的7.6米高的黄色金拱门,这就成为麦当劳最早的视觉识别标志(VI),在消费者中获得了很好的品牌认知。在Inter Brand公布的2017年最佳全球品牌排名中,麦当劳位列第12,品牌价值达到415.33亿美元;在世界品牌实验室公布的世界品牌500强排行榜中,麦当劳同样高居第10。

其三,更名只涉及公司,不涉及门店。

此次麦当劳更名,只涉及中国公司层面,完全不涉及门店。今后广大消费者去吃麦当劳时,可能完全感觉不到有什么变化,营销口号、产品、形象标志等都可能一如既往,唯一只是开具发票时候公司名称可能有所变化。

企业创建品牌的初衷,在于让人们通过一种易记的形式来记住企业所提供的产品或服务。从企业经营角度而言,公司名称可以和品牌合二为一,也可以分而治之。一般而言,如果企业拥有单一品牌,大多采取企业名称和品牌一致的经营策略。例如可口可乐公司,培罗蒙西服等,这种策略的好处是可以一举两得,在塑造公司形象的同时也提升了品牌价值。但是也容易带来"一荣俱荣""一损俱损"的效应。而有的企业拥有多个品牌,这时候就无法采用企业名和品牌名相一致的做法。例如宝洁公司下面就有海飞丝、潘婷、飘柔等品牌产品,上汽大众也有桑塔纳、帕萨特等不同品牌汽车。企业与产品品牌使用不同名称的好处在于,如果某一品牌发生问题,不至于株连其他"兄弟"。而且必要时,企业可以壮士断臂,甚至"丢卒保车"。

国外品牌进入中国市场,都会有一个"入乡随俗"的过程,而且这个过程随着企业战略的不断调整和认识的日益深化,是在持续发展的。在品牌名称方面,例如现在用的"奔驰"品牌,原本在大陆叫"本茨",而中国台湾至今叫"宾士",中国香港叫"平治"。这些名字中,只有"奔驰"名称和产品最为贴切。而"Coca Cola"也同样经历了一个从"蝌蝌啃蜡"到"可口可乐"经典名称的发展过程。而此次麦当劳中国公司更名,除了有公司股东变更的考量外,也不排除有在中国大陆进一步发展的战略构想。伴随着更名,麦当劳公司在10月中旬公布了"愿景2022计划",拟在5年内把中国内地餐厅从2500家增加至4500家,而45%的新餐厅将开设在三、四线城市。由此可见,从更名开始,麦当劳在中国的一整套经营组合拳将一一亮相。

走笔至此,还想着重说的一点就是:品牌说到底只是一种无形资产,无形资产必须依附在有形资产上才能真正发挥作用。因此,我们除了关注麦当劳公司品牌名称的变化外,更应该关注其产品能否更好地创新,服务能否更好地贴近消费者,其质量能否持续坚持高标准。只有这些内在的方面做好了,麦当劳才能依旧受到消费者欢迎。而公司名字叫什么,那就随他去吧。

企业发展要强大不要"虚胖"

香皂用"舒肤佳"、牙膏用"佳洁士"、洗发水自然买"飘柔"或是"潘婷"……你如果在超市随便拦住一位大妈问,这些品牌属于哪一家公司?大妈们未必都很清楚。但事实上这些品牌,还有你可能都没听到过的一些品牌,都属于一家日化产品的超级企业——宝洁公司。

宝洁可能是世界上拥有品牌最多的公司之一,也是世界日化行业的巨头,公司销售额达到了 830 亿美元。但就是这家公司,在近几年却一直在致力于计划大幅度削减品牌,计划要削减 100 个品牌,占公司旗下品牌总数约一半以上,目的是降低运营成本,并集中公司优质资源于重要的产品线上。宝洁 CEO 雷富礼(Lafley)表示,宝洁公司将保留 70 至 80 个最大的品牌,这些品牌为其 830 亿美元的年销售额贡献了 90%,而计划裁撤的约 100 个品牌均属于年销售额 1 亿美元以下的小品牌。

事实上,就在宝洁之前,拥有 400 个品牌的联合利华早在 2013 年年底已宣布计划削减其中的 20%。2015 年 7 月,联合利华已将其减肥代餐品牌 Slim -Fast 出售给了专注于食品和消费品领域的美国私募股权公司 Kainos Capital。

在世界各大商学院中，宝洁公司的品牌战略一向都被作为经典案例来反复讲授，其针对一类产品的多品牌战略效果卓著。例如同样是洗发水，宝洁公司用多个品牌推出不同诉求：海飞丝主打去头屑；潘婷能使头发光亮；飘柔则针对长发女士，让秀发更柔顺。这种多品牌策略，对消费者实施全覆盖，广大消费者尽管可能不知道这些品牌都是宝洁公司拥有的，但是没关系，由于使用习惯、偏好等原因，只要你选择了其中之一，就"逃不出"宝洁公司的手掌心。宝洁公司案例被世界营销学权威菲利普·科特勒多次写入他的著作，得到科特勒的赞许。事实也正是如此，宝洁公司之所以能取得如此辉煌，其有效的品牌战略功莫大焉。

那么，如今宝洁公司为何要"壮士断臂"，一举砍掉约100个品牌呢？这是否有点可惜？毕竟这些品牌都是公司一手创建起来的。综合各方面信息分析，宝洁公司现年67岁的CEO雷富礼，此次是重祭他上次任期内被证明是行之有效的法宝，那就是：聚焦日化主营业务，砍去那些枝枝蔓蔓，做强做大主业。

雷富礼曾经在2000—2009年担任过为期9年的宝洁公司CEO。当时他面临的是一份难看的财报，由于其前任贾格尔这位宝洁历史上任期最短的CEO实施激进的产品策略，多头出击多个业务领域，从而分散了公司资源，因此使得宝洁公司两个财年中因业绩问题促发股价下跌，公司市值缩水了85亿美元。为此，雷富礼上任伊始，便下决心砍掉"与公司核心竞争力相距甚远的业务",将面巾纸、咖啡、花生酱等产品的多个品牌出售,而在他之后继任的 CEO 也"萧规曹随",继续将品客薯片出售给家乐氏,如此才止住了当时宝洁的下滑态势。但时过境迁,如今的宝洁又再次面临困境,无论是牙膏、洗衣粉、洗衣皂还是护肤品,宝洁公司的市场占有率均在下滑。为此,雷富礼"临危受命"二度出山,再次举起他那把屡屡奏效的"手术刀",毅然决然给"虚胖"的宝洁品牌体动大手术,希望以此"瘦身战术"力挽狂澜,重铸宝洁的辉煌。

  宝洁领导人的这一思路,在我看来是十分正确的。品牌价值再大,但毕竟是无形资产,无形资产一定要依附在有形资产即产品上,创造出市场价值才能发挥出经济效益。诚如菲利普·科特勒教授所说:"品牌的意义在于形成企业的优势和骄傲"。如果不能给企业创造优势,不能形成企业的骄傲,这样的品牌无疑应该断然舍弃,以免对公司形成拖累。而且,当前日化行业竞争日益激烈,营销成本和生产成本均在上涨,如果宝洁公司再在如此庞大的多个品牌上平均使用资源,完全可能好的大品牌被拖垮乃至拖死。与其如此,不如趁早将一些小品牌自我了断,集中优势兵力将强势品牌做强做大。

  走笔至此,想起前不久,国内著名日化企业上海家化公司新任董事长面对媒体所发布的家化品牌新战略。上海家化也是一个多品牌公司,但面临新的竞争态势,家化新掌门人同样采用品牌聚焦战略，即重点发展原有十个品牌中的五个：两大超级品牌佰草集和六神、两大主品牌美加净和高夫，同时加大对婴童品牌"启初"的投入。虽然上海家化的体量和宝洁无法相比，还未成为一个真正的世界级企业，但其新的品牌战略思路是一致的。

  值得指出的是，企业经营是一个系统工程，战略发展、品牌营销、组织运行、人力资源、财务策略等各方面，如果有一个要素发生问题，那就会牵一发而动全身。据媒体披露，有宝洁员工谈道："宝洁系统完善，每个人都是一个螺丝钉。内耗很大，分工越来越细。作为个体的人的贡献和价值很难被直接体现。除了经济大环境向下外，宝洁因为方向、决策、人员架构等系统性方面的原因，现在的势头已经在往下走。"如此说来，宝洁已显出"大企业病"的征兆。因此，单靠品牌瘦身是否能使宝洁恢复元气，还需拭目以待。

唯有不断创新方能永立潮头

中国改革开放已经走过了四十年历程，对于中国经济发展，这四十年是从封闭走向开放，从贫弱走向富强，从计划经济走向市场经济的重要时刻。在这个重要的历史阶段中，作为社会发展最重要力量的企业，有着非常卓越的表现，它们通过各自的杰出经营，改变着中国经济，改变着中国社会，也改变着人们的思想。

处于市场经济大潮中的企业，在激烈竞争中，可谓逆水行舟，不进则退。在企业发展中，环境在变，市场在变，技术在变，员工也在变，因此，企业经营者同样也要不断创新，以变应变，方能保持企业发展势头，做到可持续发展。

一、正确的战略是企业竞争优势的前提

企业战略决定企业方向，一个企业，只有制定了正确的战略，并且在企业发展进程中不断调整，辅之以有力的执行，才能够确保正确的发展方向。但是很多企业则往往并不是这样，他们或是没有长远发展战略，打一枪换一个地方，凭感觉决策；或是一旦制定战略后，不根据具体情况及时进行战略调整，以至于错失发展良机。伽蓝集团作为一家生产

化妆品的民营企业,在化妆品市场这片红海中苦战多日,既有实力雄厚、品牌强劲的著名跨国公司等"强敌",又有诸如上海家化等国内有力的竞争对手,如何在这个竞争白热化的市场中杀出一片天地,对公司发展可谓至关重要。而且,对于一家民营企业而言,如果一味地去和跨国公司拼实力、拼营销,这并不是公司的优势。对于民营企业而言,发挥自身的灵活性,及时调整战略,并且审时度势加以灵活运用,才是用己所长,克人所短。

对于以订货会营销起家的伽蓝集团,要做到取消订货会的惯性思维和行为模式,这是很不容易的。但是,在新形势面前,伽蓝集团向行业首先发起了"以消费者为中心的终端零售管理阶段"的号召,希求引发一场中国化妆品专卖渠道的全面变革。继"开店阶段""订货会阶段"之后,过渡到"终端零售管理阶段"第三阶段,而其背后,是更为深层次的变化,即从以代理商为中心转变到以消费者为中心。新模式要求厂商和代理商以消费者为中心,通过巡店手段将市场人员覆盖到终端的所有网络上去,提升店面形象、商品陈列,提升会员、物料、库存、培训等管理水平,最终达到提升终端销售能力的目标。在这一模式下,厂商不必费尽心机考虑如何吸引代理商参会,也不必担心回款问题。市场人员摆脱了"邀约-订货会-追款-追提货"的恶性循环,将精力放在提升对终端的服务上。代理商则不再受制于无计划的订货和资金周转的压力,开始关注如何提升品牌的竞争力,通过更为灵活有效的促销政策来满足消费者的需求。

去中介化，提升终端能力，直击目标客户，这是当今互联网时代企业最有效的营销战略，这样才能使企业了解最终消费者究竟在想什么，有什么样的需求，这样企业才能真正生产出满足消费者需求的产品，并及时送到消费者手中。这种战略转型，虽然很多企业都明白其必要性和紧迫性，但由于惯性思维和反应迟缓的"大企业病"，使得很多企业都不愿直面问题，以致错失发展机会。尤其在当今互联网时代，企业如不及时转型，则早晚将会"死"去。

二、创新激励方式做好"人"的文章

企业管理，最重要的是人，这个道理很多企业家都懂，但在实际操作中往往做得并不好。而且因为牵涉到人的问题，导致很多企业领导下不了决心来实施这方面改革。尤其是在企业发展势头还比较好的时候，更是不愿意实施改革。这就更显得南通四建等公司在这方面未雨绸缪的可贵。

建筑公司是人力密集型企业，其业务扩张所依赖的是其下属的建筑工程队以及技术工人提供的服务能力。如何维持和管理一个稳定的、能够提供高质量工程施工服务的工人和技术人员团队，是建筑工程公司能够稳定获得订单和参与市场竞争的核心能力。而如何激励这些员工，成为每一个建筑施工企业都面临的难题。而且，建筑施工行业周期长、资金资源需求大、流程和项目管理复杂等特点更进一步加剧了管理上的难度。对此，南通四建并没有知难而退，而是知难而进，勇于改革，在股权激励方面做了大胆、创新性的尝试。以耿裕华为首的经营班子坚信，在现有行业发展趋势下，南通四建的目标一定是定位于行业竞争前列的市场化建筑集团公司，依靠市场化经营和现代公司管理模式实现公司收益的迅速增长。因此基于市场化竞争的需要，通过合理的产权和激励制度实现对庞大业务团队的管理是公司必须坚持的核心工作。管理学上有句名言："没有最好，只有最合适"。在公司改制问题上，南通四建没有照搬照套其他公司的做法，而是根据公司所面临的实际情况，大胆创新，无论是"先买后改"，还是"股权流转"等，都有一系列创新举措。在这一系列改革中，南通四建都牢牢树立坚定信念，就是要真正激励公司做事的人，使在公司经营中起到骨干作用的那些人能够被激发出最大动力，为公司发展充分贡献出自己的智慧和能力。在耿裕华的设计中，"底层监管、中层激励、高层共利"，是南通四建利益分配的准则。废除股东终身制，打破股权"世袭"制，让公司股东始终处于流动状态，股权始终掌握在公司在职在岗的经营骨干手中，是试图让所有后来者都能看到希望，是南通四建前期股权改制的核心所在。南通四建的超常规发展，正是和其很好地通过一系列大胆改革，有效解决了员工激励以及使激励机制持续化发展的问题有着直接的联系。

三、管理创新的新探索

管理作为现代化企业不可或缺的一个方面，其重要性正日益凸显。管理出效益，管理能有效提升企业竞争力，但管理需要不断创新，因为市场环境在变，企业情况在变，员工心态也在变，如果企业只是守住既有的固定思维，或是满足于目前驾轻就熟的管理方式而不作改革和创新，那么一旦发生问题就悔之晚矣。

上汽变速器公司当时面临的主要问题，集中在怎样调动和优化企业各项资源来适应市场的变化。经过对公司状况的具体分析，公司管理层发现问题的关键症结是：由于长期依赖桑塔纳变速器作为单一的汽车配套产品，企业面对市场按需生产和动态调整的能力比较弱，和开放经济中充满竞争的市场氛围相比，原先机械式的接单生产已完全不适应新形势对企业的要求。因此亟待在几个关键的地方改造以前沿袭的经营模式，彻底改变企业各部门的经营意识，提高各环节的运行效率。因此，如何有效聚合企业各方面资源，通过改变管理方式来将资源进行优化，就成为上汽变速器公司当时所面临的紧迫问题。

上汽变速器公司在明确指导思想的前提下，大胆进行管理创新，推出"五大中心"的管理模式，聚焦企业最重要的五个方面，即：市场开拓、质量品牌、产品发展、利润管理、人力资源五个方面，将企业的所有管理部门的职能根据这五个方面的需要进行流程再造，围绕企业面临的市场态势，一切为市场服务，每个职能部门不受原有职能的束缚，紧紧围绕这五大职能来重新整合自己的管理职能，在五大中心的管理模式中再定位，改变了以往机械式的管理思维，在刚性的组织架构中，增加了柔性的管理职能，在一切为了市场的前提下，做到刚柔相济，既有刚性管理职能的行使，又有柔性管理团队的支撑，较好地解决了以往管理科层制结构中各自为战，互不通气，在相关部门中纵向不到底，横向不到边的问题，使企业在落实市场需求时不留死角，快速全方位反应。有效地满足了企业提升市场竞争力的需求，不仅为企业发展做出了有益探索，而且也为管理模式创新做出了重要贡献。

当然，管理模式不可能一成不变，"五大中心"的管理模式，在上汽变速器公司一段时间的发展中起到了重要作用，但在目前企业竞争新态势下，如何在原有基础上做到再创新，使企业能够持续发展，又是摆在公司领导班子面前的新课题。

创新是企业永恒的主题，这里的创新，不仅指技术、产品等方面的创新，而且同样是指管理的创新，而且在某种意义上说，管理的创新更为重要，因为它能统领其他的创新。

唯有不断创新，方能永立潮头。在今天高速发展的社会，尤其如此。希望我们的企业家们能够充分认识到这一点，勇于克服"知易行难"的通病，勇于探索，勇于实践，引领中国企业登上世界新高峰。

文化产品的品牌塑造

超级多媒体梦幻剧《ERA 时空之旅》是上海的一张文化名片。自其上演 12 年来，一直广受好评。上至中央领导，下至平民百姓，无不交口称赞。剧团全体演职人员通过多年持续努力，在艺术上精益求精，在经营上努力创新，正在实现他们提出的"秀一个上海给世界看"的理想，创出了一个响亮的文化品牌。

《ERA 时空之旅》白手起家，从无到有，直至如今成为一个响亮的文化名牌，创造出巨大的无形资产，其成功之道对于当今中国文化产业的发展，对于中国文化产品如何打造品牌的探索，都具有深刻的含义。

一、文化产品的所有者和经营者要有强烈的品牌意识

如今，各种工业品、消费品的生产者和销售者，品牌意识越来越强，这些企业纷纷认识到品牌的巨大作用，认识到它能使有形商品增值，帮助企业获得更大的市场份额和销售量，更好地获得消费者的认同。但是，由于中国文化产品长期以来还缺乏商品的特性，往往是指令性计划下的产物，没有把它作为一种商品来加以很好的研究和经营。文化产品生产者和经营者

缺乏品牌意识，呕心沥血创出一个剧目或创造出一个文化产品，既不进行品牌注册，又不实施品牌保护。因此鱼目混珠者有之，名称雷同者有之，更有甚者甚至大胆冒用，窃取别人的成果和光环往自己头上套。而文化产品的生产者和经营者因为事先没有做好品牌方面的经营工作，往往无法获得法律的保护，很多情况下只能吃哑巴亏。而《ERA时空之旅》的经营者从一开始就具有很强的品牌意识，他们依靠法律武器和专家指导，不仅及时注册了"时空之旅"品牌，而且很好地使用了品牌保护策略，对相关的可能会导致误导消费者的名称和符号都进行了商标注册，这就从源头上杜绝了他人对品牌的侵犯，为品牌塑造奠定了良好基础。

二、文化产品的品牌资产需要精心维护

品牌是一种无形资产，它和有形资产一样，需要精心维护，才能使其保值增值。类似《ERA时空之旅》这样文化产品品牌的保值增值，既具有和其他品牌一样的共同性，又有其特殊性。其特殊性主要表现在：产品不具有物理状态的凝固性，不像有形产品一样具备凝固形态，而是在时间和空间上都稍纵即逝。因此，像《ERA时空之旅》这样天天上演的高频率演出，如何确保产品质量，确保每天演出不走样，是维护品牌资产的重要一环。其次，文化产品的品牌，最需要全体相关人员的参与。因为表演不具有凝固性，其呈现在观众面前的状态，完全依靠广大演员即时的表现。演职

人员的表演和辅助工作，会在观众心目中留下深刻的印象，形成对该品牌的认知。所以，在整场演出中，演员的精神状态如何、技术和辅助人员的配合工作如何，乃至整场戏的每一个细枝末节，都影响着品牌声誉，影响品牌在消费者心目中的价值，因此，文化产品的品牌资产维护，更加突出人的作用。

三、文化产品品牌的导入更需要借助文化的力量

企业塑造一个好的品牌，不能"养在深闺人未识"，也不是拿来"孤芳自赏"，而是需要积极向消费者和市场导入，充分体现其市场价值。而文化产品因其特点，在向市场导入的策略中，更需要借助文化的力量。在这一点上，时空之旅公司的经营者们可谓动足脑筋。他们大胆创新，在宣传和营销上屡出奇招，例如借助社会上的各种文化活动热点，来宣传自己的产品；与旅行社等相关企业结成战略联盟，实施连环营销，以达到"双赢"目的。另外，他们还抓住每一个机会，实施各种有效的宣传和营销手段，例如会议营销、口碑营销、网上营销等，同时积极开发相关衍生产品，做到既创造人气，又创造效益。以有形产品提升品牌，用品牌资产带动有形产品销售，切切实实地扩大了市场份额，使销售额持续上升，使《ERA时空之旅》在广大文化消费者中形成了越来越好的口碑。

国家有关文件指出："要充分发挥国有文化资本的控制

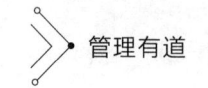

力、影响力和带动力。利用市场机制,以资本为纽带,重点培育和发展一批实力雄厚的国有和国有控股大型文化企业和企业集团,使之成为文化市场的主导力量和文化产业的战略投资者,鼓励和支持国有文化企业开发市场占有率高的原创性产品,打造具有核心竞争力的知名文化品牌"。《ERA时空之旅》用自己多年来的发展道路,对此进行了很好的实践。其品牌塑造的经验和途径,为国有文化企业探索出了一条十分有益的创新之路。

营销伦理——商家急需补上的一课

商业竞争在近日的中国,已经到了白热化的程度。为此,各路商家都使出浑身解数,各有各的高招,但在其中,也发生了一些惨痛的教训。曾经,重庆家乐福商场搞食用油促销活动,引起消费者争抢踩踏,造成 3 死 31 伤的惨痛事件;此后又发生了石家庄市一酒楼搞庆典,用电子礼炮往空中撒一元纸币,导致近四百名市民哄抢,险些发生人身伤亡事故的事件。这屡屡发生的种种事情,不仅使得人们对商家的这些促销行为产生质疑:商家在举行商品促销活动时,是否应该以消费者为本,将消费者的人身安全放在第一位?是否应该考虑促销活动所产生的社会影响?在企业营销活动中,是否应该遵循必要的商业伦理?

当今中国,商业竞争的激烈程度众所周知。在这一大背景下,企业为了应对激烈的竞争形势,采用多种手段各出奇招,力求聚集人气,提升销售额,以获得更多的经济效益,这原本无可厚非。但是,每一个企业领导人应该充分认识到,企业不仅是一个经济组织,同时也是一个社会组织。企业的每一项商业活动,虽然其主要目的是追求商业利益,产生经济效益,但同时也不可避免地具有社会效应,产生社会影响。因此，企业领导人在进行每一项活动决策时，不仅要考虑到经济方面的影响和作用，而且更要充分全面地考虑消费者的利益，秉承良好的商业伦理，使每一项商业活动获得经济效益和社会效益的双丰收。

对于中国目前绝大多数商业企业来讲，急需补上的是营销伦理这一课。所谓营销伦理，指的是营销主体即企业在从事各种营销活动时，所应遵守的基本道德准则。企业与消费者和社会的关系，最主要的是经济关系，直接表现为某种利益关系，这种关系的正确处理，除依靠法律外，还需要正确的伦理观念加以指导。因此，营销伦理的本质就是营销道德问题，它服从于整个社会的伦理，是商业伦理的一个重要组成部分。世界著名营销学权威菲利浦·科特勒就曾经说过："公司需要用最后一种工具来评价他们究竟是否真正实行道德与社会责任营销。我们相信，企业的成功和不断地满足顾客与其他利益相关者，是与采用和执行高标准的企业与营销条件紧密结合在一起的。世界上最令人羡慕的公司都遵守为公众利益服务的准则，而不仅仅是为了他们自己"。这就给我们指出了遵守营销伦理的必要性和重要性，企业只有充分、全面地考虑顾客和其他利益相关者的利益，才能在市场上获得真正的优势。

根据营销伦理原则，商家在制定营销方案及实施营销活动时，要妥善考虑下列各方面因素：①营销方案对消费者或其他利益团体产生的后果和影响；②该营销方案和活动实施时发生在消费者或其他利益团体上各种效能的可能性；③消费者对营销活动所产生后果的接受程度或排斥程度。中国消费市场，与西方发达国家市场不同，具备独有的特点，即人口数量多且密集，消费者闲暇时间相对较多，消费者价格敏感度较高。因此，每一个企业在进行促销活动时，都要根据当地的情况，妥善考虑到上述三方面因素，制订既积极有效，又稳妥可靠的促销方案，实施良好的促销行为。而重庆家乐福商场则恰恰违背了上述三点营销伦理原则。它的促销活动时间选择在目前中国大陆CPI上升较快的敏感时期，用来进行促销活动的商品又是消费者价格敏感度较高、对其价格又具有充分认知的食用油，所采用的又是限时限刻的促销活动，既没有充分考虑到这一营销方案对消费者可能产生的不利影响，也没有考虑到该营销方案和活动实施时有可能会对消费者造成的伤害，这就难免造成意想不到的后果，甚至于弄出人命，使企业的社会形象大打折扣。至于被有关部门勒令停业整顿，更是所谓"偷鸡不成蚀把米"，不仅没有收到良好的社会效益，而且也使企业经济效益受到严重影响。而石家庄市那家酒楼用礼炮往半空中撒人民币的行为，更是涉嫌损毁人民币，且有哗众取宠之嫌，不仅违背了基本的商业伦理，而且有可能触犯法律，完全应该受到惩处。

　　由营销伦理而引申开去，更使我们想到当今企业界热议的一个概念，即企业的社会责任。企业从社会中获取资源，在做出经济贡献的同时也发展了企业自身，因此也应该以履行社会责任的良好行为来回报社会,这已经成为当今企业界的共识。所以,每一个负责任的企业,每一个具有责任心的企业家,不仅在企业营销活动中要注重商业伦理,而且在企业生产、经营、管理的全过程都要注重履行社会责任,用良好的企业行为来促进整个社会的和谐发展,做一个真正具有良好表现的"企业公民"。

中国品牌，让我欢喜让我忧

据中国政府网消息，2017年5月2日，国务院办公厅批复同意设立"中国品牌日"。该批复称，同意自2017年起，将每年5月10日设立为"中国品牌日"，具体工作由国家发改委会同有关部门组织实施。

在我国，虽然民间或地区举办的各种品牌节庆活动不少，但从国家层面发布文件，正式设立"中国品牌日"，却是第一次。这无疑释放了一个强烈信号，即在中国经济转型升级的重要时刻，政府充分认识到品牌创建的重要性，开始重视打造中国优秀品牌的各项工作，有关中国品牌建设的任务将被提上重要议事日程。

品牌的起源来自标记。早在古代，人们便用在牛马身上烙印记来区分这些财产的不同归属。而中国的品牌历史，最早可上溯到北宋时期山东刘家老铺出售缝衣针时包装上的"兔儿为记"字样。著名营销大师科特勒指出，"品牌是一个名字、名词、符号或设计，或是它们的总和，其目的是要使自己的产品或服务有别于其他竞争者"。在现代社会中，品牌代表消费者对商品或服务的感受以及由此而产生的信任及商品其他意义的总和。品牌是一个以消费者为中心的概念，它的价值体现在与消费者的关系中。同样一个商品，其使用功能完全相同，甚至品质也相差无几，但名牌和非名牌之间价格可差几十甚至几百倍。不少白领省吃俭用，就是为了买一个大牌包包背在身上，虽然并不一定合适，但心理上无比满足。

改革开放以来，中国经济经历了飞速发展，从一个经济落后的发展中国家，到如今经济总量跃居世界第二。在世界五百强企业中，中国企业已占有110席。中国正以其独有的步伐，向着世界强国迈进。但是，毋庸讳言，在中国经济飞速成长的过程中，我们消耗了大量的人力、物力，牺牲了环境和资源来换取经济发展。这虽然在一定历史阶段有其必要性，但也给社会发展带来诸多问题。从全球来看，中国已经成为世界工厂。虽然在全世界都能看到 Made in China 的产品，但是却缺乏叫得响的中国品牌，尤其是中国名牌。大量中国企业在产品生产的价值链中处于最低端，所赚取的都是微薄的辛苦钱，而在"微笑曲线"两端的研发、渠道包括品牌拥有者，却赚得盆满钵满。在国内市场，随着我国经济发展，居民收入大幅度增加，中等收入群体持续扩大，消费结构不断升级，广大消费者已不满足于市场现状，他们对产品和服务的消费提出更高要求，更加注重品质，讲究品牌。国内居民的消费也日益呈现出个性化、多样化、高端化、体验式消费特点。因此，无论从国际、国内哪个市场角度而言，推动结构调整，创建优秀品牌都迫在眉睫。

在中国新一轮经济发展中，实现经济增长方式的转变，如何从"中国制造"转变为"中国创造",一直是全社会关注的问题。而创建中国品牌,改变长期以来中国企业仅仅依靠廉价劳动力和成本优势的盈利格局,无疑是其中的一个关键。同时,创建优秀品牌,发挥品牌引领作用,也是推动供给侧结构改革和需求结构升级的一项重要举措。供给侧改革,一方面要加快经济发展方式由外延扩张型向内涵集约型转变、由规模速度型向质量效率型转变;另一方面也要改变有商品、无品牌,有品牌、无名牌的尴尬局面,提升产品品质,促进生产要素的合理配置,增加有效供给,满足群众日益增长的消费需求。

高价值的品牌背后,是一个企业物质属性和精神属性的最高结合点,体现出一个企业是否具备现代经营意识,也体现出企业家是否具备开拓和创新精神。中国经济要发展,中国企业要走向世界,就一定要唱响一大批中国品牌,使中国企业从OEM、ODM、发展到OBM,即从"代工"发展到"设计制造"最终发展为"品牌制造",用优质品牌来统领产品的全价值链。虽然企业所处的行业不同,规模也有大小,但现代市场经济中每一个企业都要树立坚定的品牌意识,否则就永远只能处于"为他人作嫁衣裳"的地位。打造优秀品牌,首先是大企业责无旁贷。大企业身强力壮,财大气粗,要舍得在品牌建设方面投入,在品牌创建、品质提升、品牌传播、品牌维护、品牌创新等各方面都要起带头作用。在这方面,海尔、华为等著名企业都为中国企业做出了表率。而中小企业也同样可以在品牌创建方面有所作为。虽然中小企业可能实力稍弱，不能大手笔在品牌方面投入，但同样可以另辟蹊径。品牌是产品呈现差异化最形象、最直接的表现。中小企业只要选准目标市场，同样可以在自己的细分领域中用较少投入创建出鲜明的品牌特色。上海的玛戈隆特骨瓷、台湾的诚品书店就是成功范例。

在全球经济日益一体化的今天，我们高兴地看到有一批中国品牌正逐渐在世界经济舞台上展现风姿，同时也看到还有不少中国企业安于现状，品牌意识不强，严重影响了企业效益提升和产业结构转型。如今，借助"中国品牌日"设立的契机，希望能对中国企业提升品牌意识起到有效的促进作用。

在"中国品牌日"设立之际，还必须强调的一点是：要创建优秀品牌，产品做好是基础。好产品本身就是好品牌的题中应有之义。品牌说到底只是一种无形资产，无形资产必须依附在有形产品上才能充分发挥出效用，否则，"皮之不存，毛将焉附"？优质产品为优秀品牌创建提供了良好基础，优质产品加上有效实施的品牌策略，才能如虎添翼。就这一意义而言，"工匠精神"和"品牌意识"缺一不可。

文化制胜

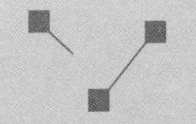

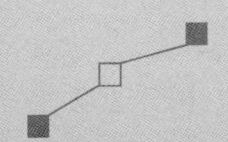

WEN HUA ZHI SHENG

30亿元罚单彰显以法治促开放

2014年9月20日,长沙市中级人民法院宣布一项判决结果:"以对非国家工作人员行贿罪判处被告单位葛兰素史克(中国)投资有限公司(简称GSKCI)罚金人民币30亿元;判处被告人马克锐有期徒刑三年,缓刑四年,并处驱逐出境……"世界500强企业的在华子公司中,因触犯中国法律而站上中国法庭被告席的,GSKCI是第一家。同时,这也是中国迄今为止开出的最大罚单。法槌落下,反响巨大。此案表明了中国政府对商业贿赂的明确态度,在大力推进改革开放的中国,一方面要加快推进市场化进程,建立起更完善的市场体系,同时也要加强市场监管,使市场主体即企业在商业竞争中恪守公开、公平、公正原则,严防企业的不当获利。

一、反商业腐败并非单独针对外企

必须看到,反对商业贿赂,是世界上多数国家的一致主张。2005年12月生效的《联合国反腐败公约》,就将贿赂外国公职人员及国际公共组织官员,贪污、挪用、占用受托财产,利用影响力交易等行为确定为犯罪。在美国,商业贿赂行为不但为联邦法律和各州的法律所禁止，并且早在20世纪70年代对"水门事件"的调查过程中，就发现有许多美国企业在其内部设立了秘密贿赂资金，专门用于国内的政治献金以及贿赂国外政府官员。为制止这种腐败行为，美国《反国外贿赂行为法》在1977年出台，并于1998年进行修订。修订后的该法律将管辖权扩展到所有在美国境内经营的以及所有与美国公司有业务往来的外国公司，并且管辖的内容也扩展至为获取"任何不当利益"而进行的付款行为，同时扩展了对"外国官员"的定义，包括任何履行"公共职能"的人员。

中国目前虽然还没有专门的反商业贿赂法，但在《中华人民共和国刑法》《反不正当竞争法》中都有针对商业贿赂现象的相关规制。此外，国家工商行政管理局于1996年11月15日颁布了《关于禁止商业贿赂行为的暂行规定》，《中华人民共和国药品管理法》对药品流通领域的商业贿赂行为也有明确规定。因此，中国并不缺乏反贿赂的相关法律。而且，随着中国政府反腐力度的不断加大，对商业贿赂行为的监管和查处力度也持续提升。就在GSKCI贿赂事件曝光之后，中国公安部、国家市场监督管理总局和国家卫健委等部门轮流出动，展开了一系列的反商业贿赂行动，又有生产胰岛素的中国骨干药企甘李药业因商业贿赂问题被查处，其同样涉及金额巨大。由此可见，反商业腐败并非单独针对外企。

二、管理者需具备诚实正直品格

俗话说,"商场如战场"。这用来形容商业竞争的激烈程度自然没错。但细究起来,商业竞争和战场作战毕竟还是有区别的。战场作战是你死我活的较量,而商业竞争要讲规则,且可以双赢。越是市场经济发展充分的国家,其市场规则就越严密,就更重视用周密的法律体系和完善的伦理原则来约束和规范参与竞争的各企业行为,同时保障其正当权益。

在参与市场竞争的企业中,起决定性作用的无疑是企业的高管。企业高层管理人员的行为,不仅体现他个人的意愿,更体现企业的价值取向。而且因为企业高管手握大权,掌控的资源多,其决策行为如果产生偏差甚至错误,对市场和社会的危害就越大。GSKCI 行为之所以恶劣,一个重要原因就是多位公司高管作为直接负责人,积极组织、推动、实施贿赂销售,使这一违法行为成为公司有组织的集体行为。从中我们既可以看到该公司的企业文化发生了十分严重的问题,而且也表明公司高管人员对法律的漠视和胆大妄为。著名管理学家彼得·德鲁克就曾经说过,"未来的管理者在工作上越成功,就越需要具备诚实正直的人格。因为在新科技之下,管理者的决策、决策跨越的时间幅度及其风险,都会对企业产生严重的影响。管理者的新任务要求未来管理者的每一项行动和决策都根植于原则,管理者不只通过知识、能力和技巧来领导部属，同时也通过愿景、勇气、责任感和诚实正直的品格来领导。"由此来看，GSKCI 的高管是不合格的，其违法行为不仅使他们个人遭遇法律的惩处，同时也给公司业务和声誉带来极为严重的伤害。

三、开放的中国不是法外之地

中国先贤告诫我们：君子爱财，取之有道。商战有规则，法律不可违。法院判决之后，GSKCI 表示完全认同中国司法机关依法认定的事实和证据，服从中国司法机关的依法判决，并向中国患者、医生、医院和中国政府、中国人民深刻道歉。

开放的中国不是法外之地。此案为医药行业营销行为确立了标准，进一步透射出中国以法治促开放的坚定决心，表明了中国厉行法治，为创造更加规范、公平、稳定、可预期市场环境而付出的不懈努力。同时我们也要看到，当前中国医药市场存在种种乱象且屡禁不止，有的还很严重，对此媒体也时有披露。我们真诚希望那些还在"以钱开路"或者"打擦边球"的企业悬崖勒马，痛改前非，真正以高质量产品和优质服务赢得消费者信任，从而在激烈的市场竞争中赢得优势。我们也真诚希望政府有关部门和司法机关对商业贿赂之恶行常抓不懈并严厉打击，防止发生"劣币驱逐良币"现象，使中国的市场环境更加规范、透明、公正。

好雇主的标准是什么

据媒体报道，谷歌公司近日推出一项"死亡福利"，如果员工在合同期内不幸去世，其配偶可在未来 10 年内每年获得一张金额相当于该员工年薪 50% 的支票。此外，他们的未成年子女每月还能领取 1000 美元的生活费，直到 19 岁为止。如果子女是全职学生，那么可以享受这项福利直至 23 岁。很多人质疑，在商业盈利的目标下，谷歌公司为何会推出如此福利？谷歌所图为何？

其实，谷歌的福利政策一直都是比较优裕的，业界人士都有耳闻。而这次宣布的福利政策可以说也并非偶然，而是其自身企业文化的一种延续。谷歌的高标准福利包括免费美食，现场洗衣、干洗以及改衣服务，户外运动中心，邀请各路名人到访演讲。这些福利也使得谷歌成功入选了《财富》杂志（Fortune）所评选的最适宜工作的公司排行榜。同时，谷歌并非是 IT 行业的特例。IT 行业中的不少公司的福利较之其他行业普遍较好。对于 IT 行业来说，有个很重要的共同性特点：公司最有价值的资产就是人才。人才是这些公司最主要的竞争力，因此公司才会千方百计想要将人才留在自己的公司。无论是福利政策还是公司内部的一些人事改革，均是基于两个目的：一是留人，二是留心。如何让员工心甘情愿地为公司效劳，激励员工为公司的后续发展不断出力，这是企业最重视的问题。比尔·盖茨就曾经说过，"把我们顶尖的20个人才挖走，那么我告诉你，微软会变成一家无足轻重的公司。"为了挽留人才，各个公司会采取不同的方式。诸如英特尔、汇丰银行、陶氏化学等公司都允许公司高管和自身管理人员折价购买本公司的股票，以股权方案激励员工。又如IBM，他们有一个累积基金，每个月会将工资基数的15%打到员工的个人账户，但是必须要工作满三年后才能得到，直到累积基金的数额超过10万元后才停止。这些福利制度都有一定的直接效应，能够提高员工的忠诚度，也在一定程度上降低了员工的流失率。

有了谷歌的例子，许多人会将其与中国国企比较，其实中国许多国企的福利待遇并不比外国企业差。二十世纪八九十年代，有所谓"国企办社会"的现象，这也是国企独特的福利制度。有些国企的待遇确实并非不如外企，只是大家不关注或者说不了解国企具体的福利制度是如何操作的。曾经一度许多国企员工福利也非常好，有的会自己办有条件很好的学校，员工子女可以免费入读，还有的企业给员工发各种物品，从头到脚、从吃的到用的一应俱全。另外，也有一些企业对员工子女的教育很重视。如果员工的子女考上大学甚至研究生，企业会发放一定金额的奖学金。如果员工家庭自身有困难，企业也会进行补助，这些都调动了员工的积极性。

不过,"企业办社会"是有两面性的。首先,"企业办社会"在一定程度上解决了员工的后顾之忧,使员工能全身心地投入工作,这对于企业更好地发展有促进作用,而且也在一定程度上缓解了一些社会问题。从这点来看,"企业办社会"值得肯定。近年来,一些企业包括民企又开始办了托儿所幼儿园等,无疑也是为了"稳定军心",解决员工后顾之忧。但另一方面,如果企业将过多精力投入到与主业不甚相关的很多社会职能上,就会影响企业自身的发展,降低企业的竞争力,这是值得很多企业注意的。另外还有一点是要强调的,就是企业不能凭借垄断优势所获得的超额利润来给自己员工发放优厚福利,国企也不能将应该归属于全民所有的利润转变为部门福利,而这恰恰是现在很多具有垄断地位的大国企被大家所诟病的。

福利现在成为求职者看中的一项指标,这是否说明了大家求职心态的变化?在企业的人力资源管理方面,是否也是一个进步?从企业人力资源管理角度来看,欧美国家有评选最佳雇主的榜单,而评选标准的核心在于企业员工是否能够身心愉悦地工作。在评选过程中,引入了员工满意度这个概念,通过量化的手段,了解企业员工的身心发展情况。除此之外,授权、信任、交流、激励等诸多因素都是评价一个企业是否是好雇主的标准。现在的员工们对工作环境有了较高和较全面的认知和要求,不仅仅停留在金钱带来的满足上,更多的是对于个人价值的满足。是否能够提升员工满意度,是企业在人力资源管理方面绕不开的问题。

那么，对于刚走上职场的大学生们，怎样的雇主才是好雇主？

有不少调查反映，现在大学生就业选择雇主时和以前有很大不同，最主要是不再过分拘泥于待遇。目前以90后为例，多是独生子女，家庭经济压力不大，因此在择业时，待遇固然要考虑，但在选择雇主时这部分权重在下降，新员工更多考虑的是这份工作能否体现自己的价值，这个权重更大。另外，一个工作岗位是否有较大的发展机会也是值得关注的。当待遇相近的几份工作摆在毕业生面前让其选择时，应该更多考虑其发展前景，是否能让自己在最大程度施展才能。这里所提到的发展前景与企业的发展前景是共通的。最后还要提到的就是兴趣。对于大学生来说，如果能做自己喜欢的工作，那哪怕累一点，薪水少一点也是开心的，而如果因为待遇等问题面对一份感觉乏味的工作，即使待遇再高，心情也是不会愉快的。

现在的年轻人都很聪明，有鲜明的个性，他们在良好的教育背景下，很容易形成自己的想法，他们的加入，可能会给企业带来一股新鲜空气，显得更有活力。当然，90后进入职场，也有自己的问题，这问题更多体现在待人接物上有所欠缺。作为家里的独生子女，90后对于一些工作细节可能有些忽略，职业化意识不够，会把工作环境和家庭环境混为一谈，对于职场应有的处事行为等还需更多磨炼。此外责任心和吃苦耐劳精神等也需进一步提高。但经过职场磨炼，相信这都能得到有效的改善。

何谓契约，谁之责任

近日，有两个事件在网络上广为流传，并引发人们对于契约精神及违约责任的思考。

第一件事是一篇《我差点死在首都机场》的网文，讲述了一位乘客因患急病，但飞机抵达首都机场后，先是机组迟迟不开舱门，然后又和机场救护人员互相推诿，导致病人只能自己爬下飞机的悲催遭遇。第二件事是恒大淘宝足球队二夺亚冠的赛场上，恒大单方面擅自更换了队员球衣上赞助商东风日产的广告，从而引发东风日产提起法律诉讼。

在我看来，这两个事件虽然具体情形不尽相同，但有一个共同的实质问题，即如何考量契约（制度）和伦理道德二者之间关系；同时作为一个商业组织，如何履行契约，并承担起相应责任。

"契约"一词源于拉丁文，它在拉丁文中的原义为交易，其本质是一种契约自由的理念。所谓契约精神，是指存在于商品经济社会中因为交易而派生的契约关系与内在的原则，是一种自由、平等、守信的精神。我曾经在一次演讲中提出一个观点：衡量任何一个组织的行为，有三条杠杆：最基本的是法律杠杆，即任何行为都不能违反法律，这里的法律在

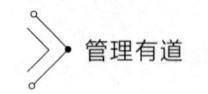

两个组织的一般交易中也可以引申为契约。一个社会中，如果任由违法或违约行为出现，社会秩序就会荡然无存，商业交易也无法进行或者交易成本极高，因为在不遵守契约的情形下，交易双方都对另一方时刻保持警惕，随时加以防范。在一个法治社会中，法律非常有效，人们都知道犯法将受到惩处，同样违反契约也会受到法律制裁。但问题是，法律不可能面面俱到地覆盖到每一种社会行为；而且法律会有滞后性。任何社会中，只有当一种社会现象较为普遍产生，并且当人们达成基本共识后，才会出台一项法律对该社会现象加以规范。因此社会同样需要伦理杠杆来引导和制约人们的行为。著名学者亚当·斯密在其名著《道德情操论》中便说道："在所有的场合，良心的影响和权威都是非常大的；只有在请教内心这个法官后，我们才能真正看清楚与自己有关的事情，才能对自己的利益和他人的利益做出合宜的比较"。这就是说，当我们仅依据法律对一项行为是否应该去做较难确定时，可以依据伦理道德标准即良心，来做出明确判断。第三条杠杆即理念信仰的杠杆。有信仰且坚定的人，往往比较容易对一项行为是否应该去做、如何去做较容易和清晰地做出判断。

如果用这三条杠杆来分析一项行为的是与非，结合对契约精神的思考，或许有助于我们来对上述两个事件做出判断。先说第一个事件。其实质就是在契约没有明确规定的情况下，有关各方如何履约的问题。任何一项规定、制度甚至法律，都不可能穷尽所有情况。否则这个契约可能将漫无边际，也缺乏实际应用意义。乘客购买了机票，可以看作是和承运的航空公司签订了一项契约，在这个契约中，不会对谁应该抬病人下飞机这样具体情况加以约定，这就需要执行者面对具体情况，在不违反契约原则的基础上，用第二条杠杆即伦理杠杆来加以规范和调节。机组人员在制度没有明确规定的前提下，应该依据伦理原则，尽力而为给予病人及时必要的救护；而机场救护人员则即使没有相关明确规定，但在机场区域内救护病人本就是其职责所在，更不能拿没有明确规定说事。否则的话，即使没有违反契约，这两方面相关人员都难辞其咎。更不用说本着人道主义精神救死扶伤，是一个健康社会中每个公民都应尽的责任。

　　第二件事情判断起来更为复杂一点。恒大在事发之前曾经向东风日产提出停止履行契约并协商赔偿的申请，但据称东风日产方面未予回应，然后恒大方面就单方面违约。对此我认为，恒大在法律层面无可厚非，但用伦理道德即前述第二条杠杆来衡量，就不够光明磊落，在契约精神的遵守上也是有所欠缺的。契约精神包含四层含义，即契约自由精神、契约平等精神、契约信守精神和契约救济精神。在这一事件中，恒大在契约信守精神上显然没有做到，更谈不上做好。其违约行为的发生并非是遇到不可抗力或是其他客观原因，而是出于自身利益的考虑。虽然商业合同即契约中一般都有违约责任这一条，但制定契约的初衷是签约双方应该信守而不是违背，更不能出于单方面主观获利愿望而故意违约，否则就违背了双方订立契约的初衷，更不是一个负责任的企业所应有的行为。

著名经济学家哈耶克对于市场经济下的道德行为曾经有过一段论述："市场经济最重要的道德基础就是'责任感'，这种责任感源于每个人对自己行为的一切后果负责的道德感。没有基于道德基础之上的责任感，任何职业都将失去它的社会价值。"每一个个人要对自己行为所产生的一切后果负责，同样作为企业法人也要对自己行为所产生的一切后果负起责任，包括因为自己的行为对利益相关方所产生的伤害。违约认罚固然可以认为是一种负责任，但因为某种功利目的而主观故意违背契约，这其实是更大的不负责任，也不是作为恒大这样的知名企业所应有的行为。

从上述两个事件中，我们可以更明白一点：为什么国内外著名商学院，除了给包括各类管理者在内的学生开设商法课程，都还普遍开设"商业伦理"课程。因为从事各类商业活动，遵守法律只是底线，法律的作用更多在于"惩恶"，这虽然很重要但并不够。除此之外，我们还需要有"扬善"作用的良好商业伦理，只有这样，才能建立起现代商业文明，使社会健康、可持续发展。

君子爱财取之有道

中国的食品安全问题,一直非常严重。有人形容说:吃肉怕激素,吃菜怕毒素,喝饮料怕色素,吃奶粉怕性早熟。我们从一些媒体报道中屡屡获悉,劣质食品和其他产品伤害消费者的事件时有发生,使消费者的生命安全和权益受到严重的损害。

上述现象的发生,都是某些企业为了追求经济利益,以次充好,用伪劣产品坑害消费者的恶劣行为,理当受到社会舆论的严厉谴责和有关部门的依法惩处。

而对其他企业来说,要思考的普遍性问题则是:企业应该怎么样赚钱?每一个企业在生产经营管理中,应该执行怎样的伦理道德标准?

在一个现代社会中,社会分工是一种必然趋势和现实状态。企业作为一个经济组织,其最主要的责任自然是为社会创造经济财富,通过自己的生产经营活动,在满足广大消费者各种物质需求的同时,获取自己正当与合法的利润。从总体上来说,当前我国的绝大多数企业和企业家弘扬了中华民族的传统美德,学习和借鉴西方市场经济国家企业伦理的优秀成果,艰苦创业、积极进取、自强不息、奋力拼搏,在为社会提供了物质文明的同时，精神文明建设有了新的进步。但另一方面，一些企业伦理道德水平低下的现象仍然有之。见利忘义、唯利是图、挥霍浪费、假冒伪劣、欺诈蒙骗，甚至伪劣产品伤害生命的现象时有发生，有些时候在有些地方甚至非常严重。这是企业伦理严重失范的表现。虽然我们可以认为，这是社会发展变革及价值观转型中所出现的问题，但仍然值得全社会尤其是从事经济工作的人士高度关注。企业从计划经济体制下不讲经济效益到高度重视经济效益，这个转变是极其重要和正确的。没有这个转变，我们的社会就不会获得巨大的发展，社会财富就不能获得明显的增长。但如果走向极端，片面地强调利润最大化，就有可能导致企业不顾对环境的破坏、对自然资源的掠取、对和谐关系的损害，甚至不惜生产销售假药、假酒及其他各种伪劣产品，以至于害死人命。

企业是一个经济组织，每一个企业之所以存在，其目的当然首先是要创造经济效益。在市场经济条件下，企业是独立自主的经济实体，有自己的正当权益和利益追求，因而具有"经济"的品格。但是，企业又离不开社会。企业因社会的需要而存在，社会为企业提供了生存的空间。所以，企业又是承担社会责任的经济组织。一个企业的每一项经济活动和行为的发生、发展及其变化，无不反映和渗透着一定的道德意识和道德行为准则，需要一定的伦理规范来指导和约束。而从另外一个角度来看，追求良好的企业伦理，也有助于企业获得经济效益。因为在市场经济体制下，企业最终要为市场所接受，为消费者所认同。只有消费者愿意购买你的产品和服务，企业才会有效益。而要满足消费者需求和提高市场占有率，就必须让消费者满意，并且做到"质量第一"。当前，这些原则已不仅仅停留在理论上，而是为越来越多的企业在实践中所接受，成为企业在处理与消费者关系时所应遵守的伦理准则。中国近代著名企业杭州胡庆余堂国药号，在其大厅上方向内就高悬"戒欺"的匾额，告诫其所有员工："药业关系性命，尤为万不可欺"。美国著名管理学家德鲁克也指出，"利润和社会责任之间并没有冲突"。这些都告诫我们的企业经营管理者，在追求利润的同时，要把握住伦理道德的标准，千万不能发不义之财。

古人云："君子爱财，取之有道"。这里的道，不仅仅是一种经营的手段，更重要的是指一种伦理道德的标准，希望每一个企业家都能深刻体会到这一点，用自己良好的经营行为，无愧于时代所赋予企业经营者的责任。

企业安居计划意味着什么

几年以前,海航宣布出资 67 亿为员工建造成本价住房,随后,腾讯也宣布启动"安居计划",在 3 年内将投入 10 亿元为首次购房的员工提供免息借款。在房价高企的社会背景下,不少网友对两家公司的福利表示"羡慕嫉妒恨"。不仅如此,近年来,有一些企业又开始办托儿所、幼儿园、暑托班,以解决员工的后顾之忧。这一波为员工提供福利的潮流,我们如何来看?

这一波员工福利潮,主要是源于企业间对于人才的竞争,这种竞争现在已经到了非常激烈的程度。从表面上看,每年求职的大学生很多,甚至已经出现了"人才过剩"的趋势。但从企业的角度来看,真正能找到符合企业发展需要、契合企业文化的人才,其实并不容易,要付出相当的搜寻成本。尤其像腾讯这样的轻资产企业,本身固定资产很少,主要靠的就是人力资本,因此当然要想方设法留住能给企业带来高竞争力和附加值的人才。

其实所谓好的人才,并不一定是要如何"高精尖",关键是两点:第一,忠诚于企业,有负责任的职业精神;第二,具备企业发展所需要的技能。这些要求听来并不是很高,但能够两者兼备的，对于很多企业往往却是一人难求。有的员工，只要别的企业多出几百元报酬，立马就走人。不少新生代员工，很多有自己的想法，干了一阵就想换个地方也是常事。因此，作为企业，有时候虽然很想吸引人才、留住人才，但又会犹豫，我对他投资，送他培训、出国镀金，可万一有了些情况，这个员工头也不回就跑掉怎么办？

于是在如今房价高企的背景下，企业想出了一条吸引、留住人才的新途径——房子。不仅仅是腾讯、海航，近几年东风日产、格力等制造业巨头也纷纷拿出巨资自建房，解决员工的住房问题。企业将房子以成本价卖给员工，或者以非常低廉的价格出租给员工，与之交换的条件是，员工要给企业服务多少年，这里面肯定会有一个合同。这样就会形成一副有效留住员工的"金手铐"。以前我们讲"金手铐"，更多指的是期权股权，现在越来越多的企业是用房子将员工"铐住""套住"。

无论是房子还是其他，这种企业福利观念的转变是必须的。一方面是今天的人们越来越看重工作和生活之间的平衡；另一方面，企业对于投资、扩大再生产的理解也越来越深刻和广泛。以前我们说扩大再生产，较多的是去投资买机器、盖厂房，但是现在越来越多的企业意识到人力资本的重要性。一个企业光有好的硬件，没有好的员工，同样不能获得迅速发展。从专注于硬件投入到如今开始关注软件投资，这是知识经济时代企业的必然转变。

企业有这种改善员工福利的主动和设想，当然很好。但如果希望所有的企业都效仿，动辄千万上亿，这也并不现实。而且这事也要一分为二来看。倘若是民营企业，愿意通过企业自身力量为一部分相对低收入、积累少的员工解决住房问题，那不失为对现有住房保障体系的一个有益补充。但如果是国企央企，那就值得考量了。国企、央企的利润究竟按照怎样的比例用来改善员工福利，应该有一个明确规定。

在西方跨国公司，基本已经建立了完善的员工福利一揽子计划，而且福利支出占工资的比重，已经超出30%。将来企业应该提供给员工什么？其实就是：更好的保障、更平衡的工作、更体面的生活。照此目标，我们还有很长的路要走。而且这并非由企业来独立承担，还需要社会保障制度的协力，更需要整个社会文明进步的配合。大环境对于血汗工厂的谴责，对于体面劳动的呼吁，都促使企业主认识到，如果只顾索取员工价值，会遭到社会舆论的谴责。同样，国外企业也不是一开始就做得很好。今天我们再回过头来看美国三四十年代企业发展史、管理发展史，其实也是这样一步步走过来的。当年的美国企业，不也是把人当成机器吗？在《摩登时代》里，卓别林扮演的流水线工人动作单一、压力太大，拧螺丝致行为失常，就是那个时代西方企业管理状态的生动记录。

就目前的中国国情来说，在生存压力较大的情况下，福利的确是一个非常重要的考量因素。比如一个刚毕业的小伙子要留在上海，企业如果能以某种方式让他有一套房子可以住，甚至可以某种方式买下来，这个吸引力是非常大的，毕竟生活很现实。但要指出的一点是，房子不能解决一切问题，还是要辅以人性化的措施，包括培训、职业规划等。在中国企业中，目前软投入还是一个比较大的问题。这个可能和企业家对此理解比较片面有关。他们以为吸引人才最重要的就是硬投入，薪酬福利高就可以了。但要知道，在物质待遇满足之外，作为员工还有情感需求、自我发展的渴求。越是知识层次高的员工，对这种软投入越是看重。因为层次越高，人力资本蕴含的价值也就越高。往往对于这种人来说，房子不一定会成为问题。有时候你即便给他房子，他可能还会嫌房型不好、地点太远，还会担心是否会因此被企业绑住。对于高层次人才来说，他更看重的是发展的机会、工作的氛围。现在不仅仅是企业急于揽才，各地也竞相出招，纷纷争取高端人才，打造"人才金港"。但究竟靠什么吸引高端人才？恐怕还需要立足实际、因地制宜的考虑。

企业如何履行社会责任

时至今日，企业是否需要履行社会责任？在企业家们的认知中已不再成为很困惑的问题，但是，企业究竟应该怎样履行社会责任，则还有许多问题值得厘清。

企业社会责任理论的发展，大致可分为三个阶段：

第一阶段基本是否定的。在二十世纪中期前后的主流观点是，经理人如果利用企业的资源去从事那些不能够创造利润的活动，这是对不起股东，也是不合法的。

第二个阶段，在二十世纪七八十年代，主流观点开始有了转变，认为企业经营者的责任不仅是为股东赚取利润，而必须要在顾客、员工、供应商、债权人以及社区之间找到一个公正的平衡点，要兼顾到利益相关者各方面的利益。

第三阶段，就是当今阶段，绝大部分的企业老板和经理人主张企业组织应该参与解决社会问题，为社会做出自己的应有贡献以回馈社会。这一理念蕴含着非常丰富的社会责任。

不可否认，目前关于企业是否要承担社会责任，还是存在着一些不同的声音，否定声音甚至来自一些十分知名的学者。

例如，经济学家弗里德曼认为，公司经营者的目标就是按照雇主的欲望在法律框架下尽可能地赚钱，如果强调履行社会责任，其结果有可能损害公司所有者、员工的利益。弗里德曼被认为是反方的代表人物。

正方代表人物则非管理学大师德鲁克莫属。德鲁克认为，管理有三大任务：第一是实现企业（机构）的特定使命（比如，饭店要把饭做好给人吃，宾馆要把房间弄好给大家住）；第二，实现"生产性"的工作，使员工能有所成就；第三，企业管理者应该控制企业对社会所造成的冲突，履行企业的社会责任。

新制度经济学的代表人物科斯也持赞同观点。科斯认为企业存在的目的，主要就是为了降低交易费用，并由此提出了一个非常著名的"交易费用理论"——企业和各方面利益相关者的一种负责任的关系，使得企业可以遵守既定或者潜在的游戏规则和伦理规范，从而降低与各方面的摩擦力，与所处环境互相适应，使企业降低交易费用成为可能。

从经济学的角度看，企业的基本目标毫无疑问是追求利润的最大化，使资源在组织内部配置达到最佳状态。但一个企业要追求利润的最大化，前提是企业能获得长远生存。一个企业做到了行业老大，但做三五年就没有了，另外一个做到行业老二或者老三，却能做50年甚至100年，二者相比当然后者的利润更多，为股东创造的财富更大。因此，为实现企业长期资本收益的最大化，首先必须实现企业的长远生存,为此就必须承担一定的社会义务以及由此而产生的社会成本。

从现代社会学的观点来看,毫无疑问,社会是企业利益的来源,企业作为一个社会公民,必须融入社会群体中并和社会上的各类组织产生互动,如果企业脱离其他组织,事实上就不可能赚到钱。企业通过承担社会责任,一方面可以赢得声誉,获得社会各方面组织和个体消费者的认同,同时也可以更好地体现自己的文化取向和价值观念,为企业发展营造更好的社会氛围,从而使企业能够获得并保持一种长期可持续发展的生命力。

在中国,对企业社会责任的认识与普及,也同样经历了一个过程。1997年,我在复旦大学MBA项目中讲授"管理伦理学"课程时,还曾有学生跟我争论,认为企业除了赚钱就别无其他。但此后关于企业应当承担一定社会责任的声音越来越高涨,并已经成为社会的主流声音。如今,在公开场合已经很难听到一个企业家说企业不需要承担社会责任,不少企业自觉发布"企业社会责任报告",很多企业自觉实施各类有关履行企业社会责任的活动。

如果我们认为企业应该承担社会责任,那么企业和企业家又应该如何来履行社会责任?

2007年,我曾经应邀赴香港廉政公署做过论坛报告。在这个论坛上我讲了这样一个观点:衡量一个组织的行为有三条杠杆:第一条是法律杠杆,这是最低的标准,它保证一个社会能够永续运行。比如交通法规，如果我们开车想怎么开就怎么开，一定马上堵车，谁也走不了，所以法律杠杆是底线，不能突破。第二条是在法律杠杆之上的道德杠杆，这是一种基本的标准。亚当·斯密曾说：当你对一种行为究竟是否应该去做而把握不定的时候，就问问你自己的良心过不过得去。我们强调的员工敬业，企业诚信等，都属于道德的范畴。从道德标准来衡量，企业就应该履行一定的社会责任。第三条杠杆是在道德杠杆之上的理想杠杆，这是最高的标准。如果每一个企业都能具备一种理想和社会使命感，要做伟大的企业，要做百年老店，那么我们的商业环境就会好很多。

现在关于企业社会责任的定义有上百种，其中瑞士达沃斯世界经济论坛曾经发表过一个定义，得到较为普遍的认同。该定义把企业社会责任分为四个方面：第一，良好的公司治理和道德标准。包括遵守法律、共同规则和国际标准，防范腐败贿赂；第二是对人的责任，主要包括实施员工安全计划，就业机会均等；第三，对环境的责任，主要包括维护环境质量，使用清洁能源，共同应对气候变化和保护生物多样性等；第四，对社会发展的广义贡献，比如传播国际标准，向贫困社区提供要素产品、服务和援助等（现在有些企业为贫困地区的学生实施的"营养午餐计划"便是一个具体的例子）。这些贡献将成为企业核心战略的一部分，成为企业社会投资慈善活动或者服务行为的一部分。

很多企业家一提到企业社会责任，往往首先会把它与慈善扶贫、捐款捐物联系在一起。他们显然对"企业社会责任的核心内容是什么"存在一些误解。而这也是在阐述企业和企业家怎么履行责任前，首先需要弄清的一个问题。

那么，企业社会责任的核心究竟是什么？

企业作为一个经济组织，最基本责任仍然是经济上的责任——提供优质的产品和服务来满足社会的需要，为改善人们的生活质量做出贡献。作为企业，就应该生产优质的产品，提供优质服务来丰富和改善人民生活，满足人民日益发展的物质和生活需求，使消费者获得便利和享受。

从企业最基本责任这个角度看，中国的现况显然不理想，比如"吃肉怕激素，吃菜怕毒素，喝饮料怕色素，吃奶粉怕性早熟，吃什么都怕塑化剂"。有人形容那些缺乏商业伦理、不讲社会责任的公司和机构是"为了煮熟自己的一个鸡蛋，不惜烧毁他人的整间房屋"。所以企业在履行社会责任方面，应该首先从最基本做起：制造好的产品，提供好的服务，不污染环境，不亏待员工，不欺骗顾客，然后从企业的角度尽自己能力来促进我们整个社会的和谐发展。

如今，中国不少城市的硬件设施比很多发达国家的城市都好得多，但为什么我们国民的幸福感却普遍不强？这在很大程度上源自我们的软环境不理想，人们的安全感、获得感不强，对此，企业无疑具有不可推脱的责任。任何一个企业都应该遵守良好的商业伦理，企业每一项行为虽然从表面上

文化制胜

看都是一个商业行为，但实际上都会产生一定的社会影响。如果我们企业生产的产品让人们吃着、用着不放心，如果企业排污不达标，或者克扣员工工资，那么人们怎么会有幸福感？

中国著名民族企业胡庆余堂有一副对联，"修合无人见，诚心有天知"，这家企业有一个理念是"药业关系性命，尤为万不可欺"。在药店的大堂上面有一块匾，写着两个"戒欺"两个大字。他这块匾是朝着店里面悬挂着，因此是给伙计和员工们看的，所以是用来规范企业自身行为的。这块匾时时给企业员工敲响着警钟。告诫员工们"采料务真，炮制务精"，用自己的优质药品造福顾客。

当代也有一个非常令人尊敬的企业家叫稻盛和夫。他在所著的《活法》一书里告诉我们：要以人的角度去看事情的对与不对、好与坏、能做与不能做。企业经营者不妨直接把这些规范人类的道德和伦理当作经营的准则和判断标准——你怎么样做人就怎么样做生意，因为所有的经营行为，都是由人去做，也都是以人为对象的行为。

所以当企业家面对某项经营策略的抉择而把握不准的时候，我的建议是，可以想想如果作为一个人能不能做，该怎样做？

我曾经和复旦大学的 MBA 学员讨论过一个有意思的命题：做人和做生意是不是秉持同样的伦理准则？有一个学生旗帜鲜明地认为不一样，并且举例：作为人，我如果借了别

295

管理有道

人一千元钱，讲好一周后归还，到了一周后哪怕自己没钱也要向别人借一千元钱还给他。我问为什么？他说做人不能丧失信用。但他接着说做企业那就不一样了，能拖则拖，能欠就欠，甚至夸张一点说能赖就赖，能骗就骗。但如今这种观点却很难再获得认同。可以想象，如果一家企业以这样的面目在行业里和自己的人际圈里做事情，他就会失去合作者，失去商业伙伴，所有的利益相关者都会唾弃它，这样的企业往往很快就会一败涂地，且很可能无法翻身。所以，每一位企业所有者和领导者，都要想一想，为了对得起"企业家"这个称号，都要以德为先，做到"君子爱财，取之有道"。

人类正在进入全球商业文明的新时代。我们希望西方承认我们作为一个市场经济国家，这说明市场经济制度成为全球不同信仰的民族和国家的一种基本制度。所以，全球成为一体化的大市场，商业文明成为人类文明的重要内容，如何推动全球商业文明的形成和发展是世界各国都关注的一个重要课题。所谓文明就是一个社会一种较为先进和高级的状态，我们整个人类社会的商业历史就是一部文明和不文明的矛盾、形成、发展、演变、转型、复兴的历史。中国改革开放40余年，经济和社会获得了很大进步。40多年的发展既不断吸收西方商业文明的产物，同时也是中华文明复兴的过程。

商业文明有三个层次，第一，商人文明，是指从事商业活动的人，比如企业家精神，一种从事商业活动的务实态度。另外还有企业家个人的修养及人格魅力。第二，商业组织的文明。例如企业规范的治理结构，良好的企业文化。第三，商业生态文明。当今社会商业生态并不好，政商关系、供应链关系、企业与消费者关系等还有待极大完善。

在建设商业文明过程中，企业家要起到表率作用。企业家是社会精英，掌握大量资源，应该率先尽到自己的社会责任，为商业文明建设做出贡献。第一，要做商业文明的践行者。从你的公司开始做起，社会环境确实不理想，但是如果每一个人都不从自己做起，那社会永远不会向前进步。第二，要做商业文明的探索者。中国的发展道路可能在世界上都很难找到现成模式。中国商业文明建设究竟怎样做，也要靠企业家进行各种各样的探索。第三，要做商业文明的继往开来者。承前启后，把因为种种原因被破坏、被割裂的商业文明断层补齐。

在西方管理学已被实践证明并不是万能灵药的今天，中国企业家更肩负建设商业文明的重任，为此，必须砥砺前行。

> 管理有道

如何遏制国企腐败

在十八大之后新一轮的反腐浪潮中,国企领导人被查处的不少,例如华润集团原董事长宋林、一汽集团原董事长徐建一等,其中以权谋私、利益输送、选人用人等方面问题较为严重。中纪委领导更是用了"吃里爬外"来痛批国企领导的腐败现象。

毋庸讳言,改革开放之前,中国的国企虽有企业之"名",但却始终缺乏完整意义上的企业之"实"。具体表现在:国企领导人基本不是按市场机制选聘,而是靠组织任命,而且政府领导和国企领导经常轮换,这就使国企的经营理念首先是完成上级指示和任务,而经常将市场表现放在次要地位。国企的管理制度,大都参照机关事业单位。国企的行为方式,更是充满着浓厚的行政色彩。放眼望去,绝大多数国企不论在本质上或者在形式上乃至于社会形象上,都更像一个唯行政命令是从的"官本位"的国有"单位"而非直面市场的企业。这就使得国企积弊日深,其种种行为都出现了异化。而如果国企领导人一旦自身道德缺失,出现腐败就不足为怪了。

细究国企的腐败问题,主要原因如下。

一是公司治理形同虚设。作为企业理论的结晶，规范的公司治理制度是人类文明的成果，是一种对公司进行管理和控制的体系。它不仅规定了公司的各个参与者例如董事会、经理层、股东和其他利害相关者的责任和权利分布，而且明确了决策公司事务时所应遵循的规则和程序。公司治理的核心是在所有权和经营权分离的条件下，由于所有者和经营者的利益不一致而产生的委托—代理关系。公司治理的目标是降低代理成本，既使所有者不干预公司的日常经营，同时又保证经理层能以股东利益和公司的利润最大化为目标，并在董事会、监事会及其他利益相关方的监督下行使职权。它可以有效防止企业舞弊行为滋生和蔓延，对于企业健康成长极为重要。但在不少国企中，公司治理架构中的董事会、监事会、股东会或职代会等架构和决策流程形同虚设，不能有效行使各自权力，许多事情都是经营者尤其是主要领导决定后走一下形式，这就使有效的公司治理架构无法落到实处。

二是内部人控制。国企腐败中产生的诸多问题，其实是"冰冻三尺非一日之寒"，国企的利益输送、奢侈消费以及选人用人方面的问题早有诸多迹象。但出资方和监管机构，有的是鞭长莫及，有的是监管者不懂行或不愿得罪人，结果造成所有者缺位，内部人控制。企业的人权、财权、项目招标权等都控制在一小部分领导人手中，股东以及社会很难对其进行有效控制和监管。

腐败并非国企独有，但作为中国公民，国企资本中有我们的一份，国企腐败也严重损害了每一个中国公民的利益。如何遏制国企腐败行为？在当下的现实环境下，可以从以下几点着手进行。

1. 改变"出资人缺位"的状态，将管人和管事统一起来

作为出资者代表的国资委，对于国企既要管事，使其实现国有资产保值增值的目标；又要管人，按照市场机制激励和约束国企经营者。我们既要打破国企普通员工的铁饭碗，也要打破国企领导人的铁饭碗，改变国企领导人的行政干部身份和待遇，同时按照"德才兼备，以德为先"的原则，用市场机制选聘国企领导人，并对其实施有效激励。要借鉴民营企业所有者聘请职业经理人方式的长处，出资者和经营者按照委托—代理关系格局中各自应承担的角色而负起相应责任，同时获得相应利益。

2. 在国企中建立和实施切实有效的公司治理机制

国企董事会要名副其实地代表出资方利益，对企业重大事项进行决策，并且对经营者按照企业运作规律实施有效考核、监管和激励。国企董事会不能作为点缀和走程序的工具，而是要切实负起领导责任。并且要引进负责任、敢说话的外部董事和独立董事，优化董事会结构。监事会要切实履行监督职能。经理层要以自己的职业声誉作为代价，对企业日常经营工作负全责。对于不称职的国企领导人，要按照优

胜劣汰原则淘汰出局,决不能异地为官。

3. 要让国企成为真正意义上的企业

中国国企一方面享受着诸如垄断经营等好处,另一方面也承载着很多企业所不应有的义务。这其中固然有历史和社会原因,但也有许多管理上的问题。要让国企成为真正的企业,就一定要逐步使国企完全按照市场机制来加以运作,加快步伐剥离许多应该由社会承担的功能。只有如此,才能使国有企业彻底改变其行政色彩,也使国企领导人更清楚自身定位和价值,接受来自股东和社会的监督,勤勉尽责地履行好经理人的责任,并通过企业价值的提升来实现自身价值。

> 管理有道

星巴克的"父母保险"

2015年春,星巴克咖啡公司董事会执行主席霍华德·舒尔茨宣布:自2017年6月1日起,所有在星巴克中国自营市场工作满两年且父母年龄低于75周岁的全职伙伴(员工),都将享受到一项全新的"父母关爱计划"——由公司全资提供的父母重疾保险。舒尔茨表示:"我们始终相信,最好的成功是与彼此分享。我很高兴能够亲自在中国向中国的伙伴们宣布这项面向他们父母的关爱计划,这不仅是向中国传统'家文化'的致敬,更是基于星巴克一直以来珍视伙伴价值的企业理念。"

那么,星巴克不同寻常的福利意味着什么呢?

还是要回到经典的马斯洛需求理论——著名心理学家马斯洛提出人的五层次需求:从低到高依次是生理需求、安全感需求、情感需求、尊重需求、自我实现需求。星巴克中国区人力资源副总裁余华就透露:"星巴克的员工为什么挖不走,那就是星巴克独特的'伙伴文化',这一文化不仅仅贯穿在公司日常的宣传和称谓中,更是通过点点滴滴的行动将公司的诚意注入每一位伙伴的心中"。当代企业管理非常强调"员工满意度"(Employee Satisfaction),而员工满意度的内涵非常广泛，生理需求即物质方面的需求，虽然是最基础的需求，但绝对不是唯一需求。随着全球经济社会的发展，人们所获得的物质待遇相较于以前有了明显提高，所以当今的企业员工，尤其是85后、90后员工，对物质待遇虽有追求，但和他们的前辈相比，已经不那么强烈。他们相对而言更看重安全感、情感和尊重等方面需求，甚至更加强调实现自我价值。星巴克的"伙伴文化"正充分体现了这一点。不仅是这么说，星巴克更努力去做。例如新员工没入职前就会收到店经理的欢迎邮件，随后还会收到来自公司的欢迎礼包。新员工要和经理一起品尝咖啡，尽快了解咖啡文化和星巴克公司，公司将员工称为"伙伴"（Partner）而不是店员或员工，公司为员工设计有效的职业上升通道。正是这种"伙伴文化"，让员工在工作中充分感受到彼此间的尊重，感觉到工作中的意义。所以星巴克的员工流动率很低，很多猎头公司都感叹星巴克的员工很难挖走。对此，余华认为：星巴克的"伙伴"不愿意离开，是因为他们确实非常热爱公司。

　　员工不愿意离开公司，是员工满意度高的最直接指标。这其中，既有星巴克"咖啡豆股票"的功劳，即让每一位员工分享企业发展的红利，又有"父母关爱计划"这种更大意义上是满足员工尊重和感情需求计划的因素。而且这一计划针对中国独生子女一代的年轻员工，其意义更是不容忽视！我们常说"留人留心"，而如何留住员工的心，首先要看老板是否"有心"，是否真正把员工当作企业的首要财富，努力营造优秀的企业文化来留住员工的心。10年前我认真读过一本书,《星巴克:一切与咖啡无关》,时任星巴克公司执行副总裁的作者霍华德·毕哈在书中所畅谈的星巴克经营秘诀,归根结底就一个字"人"。而星巴克创始人舒尔茨在其自传体著作《将心注入》中,更是直接就告诉我们:"员工不是生产线上的零部件"!

把员工当伙伴甚至当家人,留住员工的心,并非是跨国公司的"专利"。例如携程公司为员工生二孩提供高达20万元的无息贷款。中国著名餐饮企业海底捞,其老板张勇就一直在思考:怎么才能让员工把海底捞当成家?答案很简单:首先要把员工当成家人,员工才会把企业当成家。海底捞员工住的都是正规住宅,有空调和暖气,可以免费上网,步行20分钟到工作地点。海底捞在四川简阳建了海底捞寄宿学校,为员工解决子女的教育问题。海底捞还想到了员工的父母,优秀员工的一部分奖金,每月由公司直接寄给在家乡的员工父母。这也同样在物质及更高层次方面都注重满足员工需求,不仅为员工提供了切实的人文关怀,而且极大地提升了海底捞员工的满意度、敬业度和服务质量,提升了企业的竞争力。

现代管理学之父彼得·德鲁克在《管理的实践》一书中指出,管理人员的特殊任务,是创造出一个大于组织各部分总和的真正整体,该整体能够把投入其中的各项资源转化为比各项资源简单总和更多的东西。为了完成这项任务,要求管理人员尽可能有效地利用他所拥有的各种资源——尤其是人力资源，这是创造出一个真正整体的唯一途径。已故中国著名企业家万向集团的鲁冠球先生在30年前就对作者讲过，管理企业无其他诀窍，关键在于对员工的"两袋投入"。何谓两袋？口袋和脑袋。诚哉斯言！

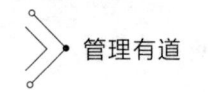

宜家"夺命柜子"的"商业伦理命门"

近日,发酵已久的瑞典宜家家居的"夺命柜子"事件,终于有了一个结局:在中国国家市场监督管理总局约谈后,宜家提交了召回计划,决定在中国市场上召回1999年至2016年期间销售的马尔姆等系列抽屉柜,涉及近50个品牌、超过260个货号,受影响的产品数量共计约160多万件。在此之前,宜家因已经在北美地区召回同类产品而在中国迟迟没有召回而受到公众舆论强烈谴责。而宜家方面辩称,之所以未召回的原因,是因为这些产品符合中国标准,所以并非地区歧视。

1998年,瑞典的宜家公司首次进入中国,在上海徐汇区开出第一家商场。很快,宜家以其简洁明快的北欧风格产品和独具特色的经营方式,受到中国消费者尤其是年轻人群的欢迎,宜家商场中常常人头攒动,销售额也不断拉升,以至于中国成为宜家全球增长最快的市场区域。

平心而论,宜家的经营确实有其特点,例如床椅等家具可以任意躺卧的体验式营销,商场中大规模平价餐饮的拉动人气,颇具设计感的多样化家居对温馨氛围的营造等,无不体现出宜家在经营中顾客至上,以人为本的理念。正因为如此，此次宜家对于在中国市场上召回缺陷产品的暧昧态度，实在让人大跌眼镜，甚至可以说简直匪夷所思。宜家方面对于这次迟迟不召回缺陷产品所给出的理由是，这些产品符合中国的国家技术标准。确实，美国材料实验协会（ASTM）标准规定，家具在自由站立时，即使外界施加压力也不能倾倒，而宜家的多款柜子不符合这个标准，所以它在北美实施了召回，而中国并没有类似规定标准。

宜家的辩解显然有点强词夺理。在明知该款柜子自1989年以来已经导致6名儿童死亡的情况下，宜家一反以往其"帮助更多人创造美好家居生活"的理念，迟迟不召回问题产品，这种对消费者不负责任的态度，也会大大降低宜家的品牌价值。

宜家"夺命柜子"事件，引发出一个值得认真探讨的问题：即在企业经营中，如何理解法律（制度）和伦理的关系问题，企业经营者在其经营活动中，是否只要遵守法律就足够了？在明知产品存在问题的情况下，企业是否可以借口因为法律制度没有规定而任性？

2007年，我在香港的一次演讲中提出一个观点：任何一个组织包括企业，在行使自己行为时有三条衡量标准：第一条是法律制度。任何一个组织，在行使自己行为时，毫无疑问首先要遵守制度、遵守法律。一个社会如果大家都目无法纪，社会就无法运行，人们生活就无法得到保障。但是我们应该清醒认识到，遵守法律固然重要，但仅遵守法律还不够。这是因为：第一，法律制度不可能管到所有方面。社会运行、企业经营非常复杂，涉及面极广，而法律制度相对较为原则和抽象，不可能覆盖到每一个方面、规范每一种行为。第二，法律会有滞后性。任何一个社会，都是当某种现象具有普遍性，而且人们都相对一致地达成共识后，才会出台一个法律或一项制度，对某种现象加以规范和约束。因此就有了第二条衡量标准，那就是伦理标准。伦理标准会高于法律制度，也不如法律制度那样有刚性，但良好的伦理道德能够促进社会更好地可持续发展。企业虽然是一个经济组织，但同时也是一个社会组织，其一言一行除了产生经济效益，同时也会产生社会效应。因此，企业在法律制度还没有管束到的某些地方，就要自觉地用商业伦理来约束自身行为，在企业经营活动中遵守良好的伦理标准，使企业提供的产品和服务能更好地为社会发展服务。就法律和伦理的关系而言，法律制度保障社会的基本运行，是底线，起的作用主要是"惩恶"；而优秀的伦理道德引领社会的良好运行，起的作用更多是"扬善"。任何一个社会，这两条行为衡量标准不可偏废。而第三条更高的衡量标准就是企业信仰和企业的社会责任。一个希望做成百年老店、追求可持续发展的企业，一定要有自己的信仰，努力成为一个伟大的企业。而一个伟大的企业，则必须用更高标准来要求和约束自己的行为，而不是仅仅满足于起码的遵守法律制度，也不是一般地遵守商业伦理，而是有着长远目标和理想信念。

从宜家本次行为来看，它的产品虽然可能符合中国当前的质量标准，因此也可以说符合法律制度标准，但是显然不符合商业伦理标准。无论从产品本身存在的缺陷，还是已经在北美发生的多起"柜子夺命"事件，都已经证明该类产品存在很大问题，会严重影响消费者人身安全。但宜家明知如此，却多方狡辩，以不违反标准为借口，拒不召回问题产品，在企业道德上出现了严重瑕疵。这对于一家在其企业文化宣传中强调致力于人们幸福生活，强调可持续发展的著名跨国公司，言行是严重脱节的。

著名经济学家哈耶克指出："市场经济最重要的道德基础就是责任感，这种责任感源于每个人对自己行为的一切后果负责的道德感。没有基于道德基础之上的责任感，任何职业都将失去它的社会价值。"作为一家著名企业，宜家不仅应该重视自己所提供的商业价值，而且更应该高度重视自己应有的企业责任和社会责任。否则就会失去自身价值，最终有可能失去消费者的信任和赞誉。而对于如何遵守商业伦理，另一位著名经济学家亚当·斯密在其出版于1759年的名著《道德情操论》中就指出："在所有的场合，良心的影响和权威都是非常大的；只有在请教内心这个法官后，我们才能真正看清楚与自己有关的事情，才能对自己的利益和他人的利益做出合宜的比较"。这就非常明确地告诉每一个企业经营者，当明知自家产品有严重缺陷甚至会伤及消费者生命，而似乎又合乎现行标准时，就应该"请教内心这个法官",问问自己的良心,看看和企业平时所宣传的是否相符,认真思索和考量每一个行为是否符合良好的伦理道德,做出的商业决策是否对得起企业的"良心",是否有利于社会进步,这样就不难做出明确判断。所以对于任何一个企业而言,上述三条衡量标准,至少法律制度的标准和伦理道德标准都是必须遵守的,而且是同等重要的。

值得关注的是,宜家此款有问题产品一方面在实施"召回",但同时并未下架,而仍然在商场中销售,只是强化了"上墙固定"的提示。这说明该问题还未引起宜家公司的足够重视,未能彻底消除隐患,做到对消费者完全尽责,这依然在商业伦理上存在问题,需要宜家公司对此做出深刻反思,彻底对消费者负起责任,用自己的实际行动,不辜负消费者信任,重塑良好的企业形象。

用优秀文化提升企业核心竞争力

当今，企业文化的概念，已经越来越多地在各种场合被企业家所关注。无论是声名显赫的跨国公司，或是中国本土的民营企业，都开始认识到企业文化的作用。因此，如何真正认识企业文化的深切内涵，真正体会到用优秀文化来提升企业竞争力的重要性，是摆在每一位中国企业家面前的重要任务。

一、企业激烈竞争凸显文化作用

纵观我国改革开放40多年来企业发展历程，企业竞争呈现出三个阶段性特点：

第一个阶段是产品竞争。在改革开放初期，我国处于商品短缺时代，在这个阶段中，企业只要能够生产出适销对路、为消费者所欢迎的产品，企业就具备了竞争力，因此这一产品竞争阶段的特点，可以归纳为两句话："我做得出，你做不出"。只要哪个企业能够拿出好的产品，它就具有竞争力。

第二个阶段是服务竞争。在经过若干年的发展以后，不少企业意识到，可以引进国外先进技术，购买国外的流水线，可以不太困难地生产出适销对路的产品,但是光靠产品,难以在市场上得到消费者的承认。于是企业之间的竞争就从产品竞争发展到服务竞争。服务竞争阶段的特点,同样可以归纳为两句话:"我做得到,你做不到"。大家都能够生产出质量不错的产品,但是哪一个企业的服务更到位,能够为消费者提供优质的服务,它就具有更高的竞争力。据有关机构调查,在家电市场上,海尔的产品卖得并不便宜,但是它照样卖得很好,因为不少消费者比较相信海尔所提供的优质服务。

第三个阶段是文化竞争。当历史进入二十一世纪,企业之间的竞争又从服务竞争上升为一个新的阶段:文化竞争。文化竞争阶段的特点,同样还是可以归纳为两句话:"我做得好,你做不好"。基本的服务现在企业一般都能做到,例如大件商品送货上门,售后服务实现三包,这些都已经成为许多企业的一般性规范。但是如何在企业的产品和服务上,从"做得到"发展到"做得好",这就要考验企业是否具有良好的文化内涵。而国内外优秀企业的实践证明,文化在企业竞争中发挥着非常重要的作用,国内外优秀企业,都有自己独具特色的优秀企业文化。在这些企业的长期发展中,企业文化起到了至关重要的作用。在企业的各种管理行为当中,都充满着文化的因素。

企业文化理论产生于二十世纪八十年代。我们现在所说的企业文化,实际上包含着两个层面的含义,它既是一种先进的管理理论,又指企业中客观存在的一种现象。作为一种先进的管理理论,随着企业竞争程度的日益激烈,不少企业家和管理学家开始认识到,在企业管理和竞争中,除了经济因素与技术因素以外,还存在着非常重要的文化因素。因此在二十世纪八十年代中期,不少美国的管理学家通过对日本经济崛起的总结,通过对日本企业管理的深入研究,比较了美国和日本两种不同的管理模式以后,提出了企业文化理论。而作为一种现象,指的是用企业文化理论来概括、提炼和指导企业的文化建设,形成某一企业独具特色的一种文化状态,例如我们所说的海尔企业文化、华为的企业文化等。

二、企业文化的基本内涵

所谓企业文化,它不是如一般人所想当然,似乎仅仅是指企业里的文艺活动。我们现在所说的企业文化,是指企业在长期的生产经营实践中,所创造和形成的具有本企业特色的精神观念,并且把这种精神观念具体地体现和落实在企业经营管理的制度、行为、物质和企业形象建设等各个层面中。

在一个具体的企业中,企业文化大致体现在下列七个方面。

1. 企业的历史传统

一个企业从它成立的那一天起,就开始形成自己的文化。而在企业长期发展的历史过程中,企业所形成的这种传统,会产生长远而持久的作用,影响企业直至当今的生产、经营、管理等各个方面。就像一个民族的文化传统会影响该民族的各个人群一样,企业的文化传统也会影响该企业中各层次、各部门的员工。例如,今天的海尔集团,当初是从一家小厂开始发展起来的。回想当年的海尔,当生产出市场上供不应求的电冰箱以后,接到了消费者对他们产品质量的投诉。在这种情况下,以张瑞敏为首的领导班子没有采取文过饰非的态度来敷衍消费者,而是采取了在当时甚至在今天可能还是难以为常人所理解的举动,坚持把有质量问题的冰箱砸掉。这种看上去似乎比较激烈的举动,在当时人们对产品质量意识还普遍不高的情况下,起到了一种振聋发聩的作用。它用这种激烈的举动向全体职工警示,只有高度重视产品意识、质量意识、服务意识、市场意识、把顾客意见放在首要位置,企业才能够生存,才能够赢得市场。对于当时的海尔来说,其意义毫不亚于历史上的破釜沉舟,可以说是将企业置之死地而后生。正因为形成了这种强烈的、特色鲜明的文化传统,海尔在从那以后发展的一路过程中,始终牢牢把市场和顾客放在重要位置,用企业经营管理等各方面的创新举动,来不断赢得消费者的认同,从而创造了优秀的市场业绩。

2. 企业价值观和理念

价值观原本是一个哲学名词,所谓企业价值观,就是一个企业在自己的经营管理中,首先要明确提倡什么、反对什么,哪一种行为是我们企业所崇尚的,鼓励员工去做的,哪一种行为是企业反对的，员工不应该去做的。正像一个人的所有行为都是由他的价值观所决定的一样，一个企业的行为指向也是由企业的价值观所决定的。这种价值观和理念是一个企业的文化核心，它能够凝聚企业全体员工的思想观念，从而使企业员工的行为朝着一个方向去努力，反映出一个企业的行为和员工行为的价值取向。

3. 企业的管理风格、管理特色

每一个企业，由于各种因素，决定了它的管理风格和管理特色是有差异的。我们在实践中经常会感到，企业与企业之间存在差异性。这种差异性，主要就是体现在企业的管理风格和管理特色上。有的企业对员工所有行为有非常严格的要求，如有的制造型企业，要求员工的所有行为都有规有距，连走路怎样走，说话怎样说都有明确的规定；而有的研发型企业，对员工就比较宽松，工作时间弹性化，员工着装随意化，甚至上班时间觉得累了，在沙发上躺一会儿也可以，用相对宽松的环境来鼓励员工有创意的思维，这同样体现出一种管理风格和管理特色。这种管理风格和管理特色的差异性，同样也反映出一个企业的文化特征。

4. 企业员工的文化素质和行为规范

一个企业的企业文化，在很大程度上是要通过全体员工的行为来体现的。正如我们经常所说的那样："看一个人，不仅要听其言，而且要观其行"，人们认识一个企业，同样也是如此，不仅要看该企业在媒体上和各种场合怎样说，怎样进行宣传，更重要的是要看他怎样做。这就需要企业全体员工用自己的优秀行为，在实际中体现出企业的文化素质和文化内涵，让社会公众感受到本企业的优秀文化。正因为如此，上海宝钢等优秀企业，针对每一个岗位的员工，制定出了明确易懂和简单可行的员工规范，以此来约束和主导员工的行为，从中体现出企业的优秀文化。

5. 企业独特的文化仪式和活动

文化是无形的，但是在企业里却要通过有形的仪式和活动把它体现出来。很多企业根据自己的特点，都有类似的文化仪式和活动，以此来宣传和强化企业的文化内涵。例如有的企业每天早上要开晨会；有的企业每天上班开始时会有一个员工站在自己部门所有其他员工的面前来进行宣讲；有的企业定期举行升公司旗帜、唱公司歌曲等仪式；有的企业会在员工生日时送上一个小礼品等。用企业文化的理论来分析，这些都属于企业独特的文化仪式和活动，其目的都是通过有形的仪式，让员工能更深刻感受到企业文化的内涵，强化企业的文化理念，使企业更有凝聚力，凝聚全体员工。

6. 企业的物质设施建设

一个企业的物质设施建设，同样也反映出一个企业的文化追求。这里所说的物质设施建设,并不是说企业的办公楼有多高大,内部装潢有多豪华,而是指透过厂区环境、办公环境、工作场所的布置等所体现出的文化内涵。例如,企业各部门是封闭在各自独立的小房间内办公,还是在一个敞开的大空间里面办公,这看上去只是一种内部办公环境的不同,但其中实际上是体现了企业的管理理念和管理文化的不同。敞开式的大空间办公格局,更有利于营造一种互相竞争、努力工作的氛围,更有利于部门之间的沟通,也有利于培养员工的良好工作习惯。因此很多国内外现代化企业,乃至我们的一些政府机关现在越来越多地采用这样一种办公环境。而有的传统企业,其每一个管理部门还是在一个或几个封闭的小房间里办公,往往把门一关,会使得信息沟通不畅,彼此交流不够,影响了工作效率,也不利与营造高效的工作环境,这就是企业物质环境中所体现出来的企业文化。

7. 企业的社会形象

中国企业以前很少考虑自己的社会形象问题。因为长期处于计划经济的环境之下,企业只要按照上级布置埋头生产,保证完成生产计划就可以了,不需要关注企业及其产品在市场上的反响和在消费者中的口碑。因此我们很多企业不要说形象,甚至连名字都可以不用,而代之以编号。而今在建设社会主义市场经济体制的过程中,企业必须高度关注自己的市场表现，高度关注社会公众对自己企业、产品和服务的反响。因此，是否有一个良好的企业形象，对企业的发展来说至关重要。而良好的形象必须要有优质的企业文化作为其内涵，这就像一个人一样，如果他虽然是全身名牌，而内在素质却很差，这同样也难以获得他人的认同。

三、企业文化的五大要素

企业文化的五大要素，指的是一个企业在努力创建优秀企业文化的过程中，所要考虑的五个主要因素。

1. 经营环境——决定文化类型的前提条件

每一个企业在创建自己优秀企业文化的时候，都要考虑自己的经营环境。这里所说的企业经营环境，包括三个层面：

企业性质。我们通常可以按企业的所有制性质，把企业分成国有企业、集体企业、民营（私营）企业、"三资"企业、混合所有制企业等。不同所有制的企业，在自己的经营行为、管理方式和员工心态等各方面都会表现出很大的差异性，这就使企业文化会呈现出不同的类型。

行业特点。每一个企业都分属不同行业，其主业经营各有不同。由于行业性质的不同，企业文化也随之呈现出不同的特征。造船厂的企业文化不同于星级宾馆，出租车公司的企业文化一定不同于百货商店。

市场定位。在市场经济体制中，无论哪一个行业的企业，都会有一个市场定位问题。不同的市场定位，会导致企业的不同经营管理方式，甚至在企业的管理理念上也会表现出差异。

2. 价值观念——文化建设的核心

企业所崇尚的价值观念，是一个企业建设优秀文化的核心。这种价值观念的提炼，和企业家的追求密切相关。企业所有者或企业领导人有什么样的追求，秉承什么样的理念，就会在企业的经营管理行为中表现出来，就会使企业呈现出与这种价值观念相匹配的管理特点。目前在很多中国企业中，都有一个"企业精神"，这个"企业精神"，就是企业价值观念的一种载体。但是，毋庸讳言，目前中国企业的"企业精神"还存在一些问题。一是雷同化，很多企业精神的表述都是"团结、求实、开拓、创新、争创一流"等雷同化的语言，体现不出企业的个性。另一个问题是我们很多企业精神虽然提了出来，但仅仅是"说在嘴上、写在纸上、挂在墙上"，而却没有落实在行动上，没有落实在企业生产、经营、管理的各个方面，因此成为一种点缀或是一种摆设，和企业的日常经管理存在着脱节的现象。这是值得很多现代企业高度重视的。

3. 模范人物——优秀文化活生生的榜样

有一句话叫作"榜样的力量是无穷的"。无形的企业文化，要让员工在实践中能够感知和体会，并且有明确的学习榜样，就必须要有活生生的模范人物来将这种文化内涵形象地体现出来。因此文化理论就提示我们，在每一个企业当中，必须树立模范人物，在这些模范人物的身上能够体现出企业的文化追求，体现出员工的行为准则，使员工通过向模范人物学习来规范自己的行为，为提升企业文化做出自己的努力。

4. 文化仪式——寓无形于有形

文化仪式的重要性不言而喻。文化要靠仪式和活动来加以体现和传承。企业中的文化仪式可以是比较正式的，例如前文所介绍过的升公司旗、唱公司歌、开晨会等，也可以是比较轻松灵活的。例如上海有一家企业，员工每逢自己的生日，可以到企业的花圃里挑选一盆花拿回家，来布置自己的家庭。有位员工进厂4年，家里有4盆不同种类的鲜花，他说看着这些花，心里就觉得很开心。这同样是一种文化仪式，它一方面美化了员工的家庭，另一方面也体现出企业对员工的关心，同时也提醒员工为企业做出更多的努力，这就是文化仪式的作用。

5. 文化网络——拓展沟通的渠道

企业管理中信息沟通的重要性，现在已被广大企业家和企业管理者所认识。越是高层的企业管理人员，其大部分工作内容其实都是在做各种各样的沟通。企业沟通，可以是正式的沟通，例如发文件、作指示、听汇报、开大会等，也还有各种非正式的沟通，例如各种非正式聚会、兴趣爱好协会的活动，甚至有的企业用来接送员工上下班的班车，同样也是一种沟通的渠道。在企业班车上，不同部门的员工有机会聚在一起，进行交流。有调查报告显示，员工在班车等各种非正式渠道中，所沟通的最多还是与企业相关的信息。这就充分说明了这种文化网络对于企业文化建设的重要性。

四、创建优秀企业文化的四大步骤

对于每一位企业家而言，在了解企业文化的重要作用之后，最关心的就是如何在自己的企业中创建优秀的企业文化。在企业中创建优秀的企业文化，可以按照下列四个步骤来进行：

1. 精神文化的提炼

精神统帅行为。优秀的精神文化是企业文化体系的核心，企业只有根据自己的特点，提炼出本企业的优秀理念，然后才能从核心上体现出企业的个性。例如飞利浦公司的理念"让我们做得更好"，非常普通的一句话，但是经过飞利浦公司的提炼和传播，成为他们的专用理念，也反映出公司的追求永无止境。海尔集团的理念叫作"真诚到永远"，体现出海尔真诚地对待消费者，追求创新的崇高境界。

2. 制度文化的创新

俗话说"没有规矩不成方圆",企业文化的建设一定要有制度保证,而在这种制度保证中要做到制度文化的创新。企业要根据自己的理念,不断推出适应新的竞争形势的管理制度,例如人本管理的模式、学习型组织的创建和流程再造等。在这种制度文化的创新中,要考虑是否适合本企业文化,是否能对提升本企业文化发挥作用,用优秀的制度来保证文化建设的实施。

3. 行为文化的倡导

企业文化建设一个非常重要的方面,就是要落实到行为之中。我们常说,看一个人,不仅要听其言,而且要观其行。社会公众对一个企业的认识也是同样。因此在企业文化建设中,企业家要积极倡导优秀的行为文化,并且身体力行。行为文化的倡导可以分为两个层次:一是企业要有全新的管理行为,在自己的管理行为中处处体现出本企业的文化特点,体现出企业的文化品位;二是员工要有全新的工作行为,要用爱岗敬业、诚实守信的行为特点,来具体实践企业的文化,使社会公众通过企业员工的行为,更好地认识该企业的文化内涵。

4. 物质文化的构建

企业的物质形态,往往也反映出一个企业的文化特点。

这种物质形态表现在整洁的厂容厂貌、现代化的工作设施和环境,具有先进理念的办公环境等,在企业的"硬件"中反映出企业的文化追求,使员工处于良好的文化氛围之中。

5. 形象文化的塑造

企业是社会的一员。而且企业在其发展中,一定要获得社会各界的广泛支持才能形成一个良好的发展氛围。塑造良好企业形象的目的,是为了使企业能够更好地获得消费者认知,让广大消费者能够在众多的商品和服务中,认识本企业和本企业所提供的产品或服务,并且进一步产生认同感和实现购买。处于市场经济体制下的企业,一定要让消费者对本企业产生良好的印象,只有这样才能提升自己的市场占有率。

在塑造企业形象的过程中,一方面可以运用诸如 CIS 等技术性的手段,通过理念识别、行为识别、视觉识别等一系列方法来整合企业资源、从整体上提升企业形象。另一方面我们还应该看到,企业的每一项行为,不仅仅是商业行为,它同样是一种社会行为,企业不仅是一个商业组织,同时它又是一个社会组织,因此企业的每一项决策,除了从商业角度来考虑,如是否能够赢利之外,同时也要考虑到它的社会影响。近年来,管理学界和企业界提出"企业公民"的概念,强调企业在从事商业行为的时候,同时也要考虑到自己的社会责任,注重用企业的良好行为来净化社会风气、推进

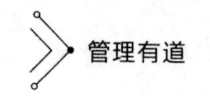

社会伦理的建设，促进社会健康、平衡的发展。而反过来，企业的这种具有良好社会效益的活动，也能够有效地提升企业的知名度和美誉度，使社会公众对企业产生良好的印象，从而通过他们的购买选择来体现出他们对企业的认同。所以，企业注重自己的社会形象，实际上是一种企业和社会双赢的行为，也是企业运用自己的优秀文化来提升企业竞争力的有效途径。

一个企业的文化形态，我们可以用从小到大的五个同心圆来表示。最小的一个圆圈是精神文化，稍大一点的圆圈是制度文化，再往外的一圈是行为文化，再往外一圈是物质文化，最外层的则是形象文化。每一个企业的文化建设都可以由内而外，从最核心的精神文化做起，直至最表层的形象文化，针对本企业的特点，通过具体而扎实的努力，一步一个脚印，必将能够把企业文化建设落到实处，抓出成效。

当今世界，经济全球化的特点日益明显，企业间的竞争也越来越激烈，中国企业为了应对所面临的严峻挑战，急需建设优秀的企业文化，用优秀的企业文化来提升企业的整体管理水平，从而有效提升企业的核心竞争力，实现企业可持续发展，最终实现中国经济的腾飞！

中国企业文化与文化传统

卓越，是每一个企业都孜孜以求的结果。在当今全球性激烈的市场竞争中，企业只有不断追求卓越，才能赢得竞争优势。

中国改革开放40多年，企业竞争经过了三个阶段：第一阶段是产品竞争，其特点是："我做得出，你做不出"。在20世纪90年代初中国改革开放初期，当时只有少数企业能够生产出适销对路的产品，因此一个企业只要能够生产出受市场欢迎的产品，就能在市场竞争中获得优胜。第二阶段是服务竞争。服务竞争的特点是："我做得到，你做不到。"20世纪90年代，中国市场上产品日益丰富，质量也都不错，消费者有了很大的选择余地，在这种情况下，企业竞争就不仅限于产品层面，而是扩展到服务层面。第三阶段则是文化竞争。当历史进入二十一世纪以后，中国企业日渐成熟，而企业之间的竞争也从服务竞争跨入文化竞争阶段。文化竞争的特点是：我做得好，你做不好。所谓文化竞争，所谓"做得好"，是考量一个企业的综合管理水平、员工综合素质，考量企业是否具备优秀的企业文化，是否真正为提升企业竞争力发挥了作用。

产生于 20 世纪 80 年代的企业文化理论，是美国管理学家在系统总结日本企业的管理成功经验后，所总结出来的一套运用各种方法来改变员工行为方式，塑造员工价值观的有效管理模式。我们现在所说的企业文化，实际上包含两个层面的含义，它既是一种先进的管理理论，又指企业中客观存在的一种现象。作为一种先进的管理理论，它是随着企业竞争程度的日益激烈，不少企业家和管理学家通过对日美两国经济和企业管理模式的比较，所总结和提炼的重视企业中文化因素和文化管理的理论。而作为一种现象，指的是用企业文化理论来概括、提炼和指导企业的文化建设，形成某一个企业独具特色的一种文化状态，例如美国惠普（HP）公司的企业文化，可口可乐（coca cola）公司企业文化，中国海尔的企业文化等。

管理学大师彼得·德鲁克在《管理的实践》一书中，对于企业文化有过一段精辟论述："我们经常听到人们谈论'企业文化'，它的真正含义就是对企业的共同目标和共同价值的承诺。离开这种承诺也就不会有所谓的企业体，剩下的只能是一群乌合之众。管理者的工作就是深思熟虑、设立和证明这些目标、价值和任务。"我曾经在一本企业文化的著述中提出："管理是一种文化。第一，每一种管理思想，都是建立在前人管理理论基础之上，都是一种文化的积累和传承，每一种现时代的管理思想和方式，不管当事者是否意识到或是承认，其中一定有着管理主体即管理者，或是管理客体即管理对象所浸润的文化传统的影响，同时还受到这个组织所在的国家或民族文化传统的影响。第二，每一个时期的任何管理思想和管理模式，都受到当今所处的现代文化的影响，是当时社会文化环境下的产物"。

通常，我们不容易分清传统文化与文化传统的区别。有时常常把二者混为一谈，但二者有实质区别。传统文化表现更具显性，主要表现在器物层面，更容易一般性地被人们所广泛感知。而文化传统则更为深层次，表现更为隐性。几千年来中国特定的社会存在，逐渐凝聚成一种相对稳定的思维方式和行为方式，形成了中国特有的文化传统。这种深层次的文化传统，其影响力更为深远，作用也更为巨大。

我曾经提出一个理论，对于认识文化传统与传统文化的关系，可以用一个模型来表示。文化传统是根深蒂固的，是文化一以贯之的核心轴，而传统文化是沿着这个轴表现出来的各种各样现象。文化传统与传统文化是一种"道"与"器"的关系。

中国宋代诗人苏东坡有诗云："横看成岭侧成峰，远近高低各不同。不识庐山真面目，只缘身在此山中"。因此，身为中国人，要概括出中国文化特点却并不是一件容易的事，因为很难跳出自身思维模式的局限，难以看清庐山真面目。中国文化传统大致可以概括为以下四大特征。

1. 汉字的阅读书写和思维习惯

中国汉字影响深远,不仅代表一种审美倾向,而且也形成一种思维定式,造成中国人形象思维较强,数字化管理较弱。例如中国的高速公路原来都用文字表述,如"沪宁高速"。但某位主事者去大洋彼岸考察之后,下令全部改为数字标注,于是造成不少混乱,最后只能以在数字之后加注括弧内文字的方式折中处理。

2. 家族伦理原则的社会推广

家庭、家族、家国结构构成家族伦理,国是家的扩大,这种伦理原则推广到社会各个方面。例如,所谓"格物、致知、诚意、正心、修身、齐家、治国、平天下;君君、臣臣、父父、子子;立德、立功、立言"。在中国传统社会的各个阶段,我们都可以在社会生活中找到类似的阐述。著名民营企业复星集团的价值观便是"修身、齐家、立业、助天下"。

3. "三教合一"的宗教世界

"儒家治世,道教治身,佛家治心"。中国文化传统中最重要的无疑是儒家传统思想,儒家思想以其面对现实、积极入世的态度而影响着中国历朝历代士农工商等各阶层人群。道教作为中国本土宗教,则以其"道法自然、无为而治"的思想同样影响着中国人的行为方式。佛教虽然是外来宗教,但自汉代传入中国以后，同样在政治、经济、文化等各方面对中国社会产生巨大的影响。

4."阴阳五行"学说的社会应用

理解和诠释宇宙的"阴阳五行"学说，以及在这套学说基础上发展出来的知识、观念和技术。例如中医、风水、预测算命等的应用，无不受到阴阳五行学说的深层次影响。

就文化学体系而言，企业文化无疑是一种衍生文化，任何一个企业的文化，都要受到所在国家、民族的文化传统影响。同时因为管理主要是对人的管理，而且所有的管理活动都要靠人去执行，管理者与被管理者的思想和行为都必定受到他们自身所处文化的影响。对于中国企业文化而言，其中最主要的就是几千年积淀而成的中国文化传统的影响。最近流行的"国学热"，不少企业领导人虽然不愿意去读传统文化经典，但愿花时间去听传统文化讲座，就是希望从传统文化中寻求心灵安慰，并获得经营宝典。当然这有点一厢情愿，但也从另一个侧面说明传统文化对企业文化的影响确实不容小觑。

管理有道

重构商业伦理需要长期努力

在历经了三聚氰胺、瘦肉精、塑化剂等食品安全风波后,广大消费者至今心有余悸。从整个社会来讲,商业伦理的重构不是一劳永逸的节点,需要长期的努力,逐渐逼近目标。

一、衡量组织的三条杠杆、三个层面

衡量组织的行为,应该从三个层面来进行考量。

首先就是法律层面的最低杠杆,无论是在社会还是在组织中,这是一个极限或者底线。然而一个社会或一个组织要发展,仅有法律这样一种杠杆是不够的。因为法律的约束有时并不能无所不包,而且法律往往都有滞后效应。在社会管理中,只有当某种社会现象具备普遍性以后,才会出台相关法律对这些现象加以规范和制约。比如2011年康菲公司在中国渤海湾石油泄漏事件中,污染面积近九平方公里,但按照当时中国的法律要求对此仅只能处罚30万元赔偿,这样的惩罚显然无关痛痒,相关部门这时才意识到有关法律应该调整。

法律往上一个层面就是商业伦理杠杆。正如亚当·斯密所说,当你的行为不太有把握的时候,问一问你的良心就可以得出结论。在企业组织层面,商业伦理杠杆维持了一个社会的良好运行,引导社会向好和善的方向发展。当然,商业伦理也有其局限性,因为它不能够对企业形成硬约束,但这并不否定商业伦理对每个企业的行为所产生的有效影响。

更上一层是理想信念的杠杆,即企业的一种使命,现在比较流行的讲法叫"愿景",也就是企业所追求的目标。企业应该从最低标准的法律约束逐步培养追求理想、信念、使命感这样的最高标准。

二、商业伦理失衡三状

种种恶性食品安全、污染、员工权益无法保障等事件后,社会期待企业界商业伦理重构的呼声越来越高。商业伦理,主要包括三个方面,一是构建内部管理的道德准则,包括处理人际关系、员工关系方面的行为准则,例如防止"性骚扰"行为的发生;二是指企业对外经营和公共关系建立中的伦理规范,三是企业家本人的道德修养和伦理准则。其中,企业对外经营和公共关系建立中的伦理规范无疑是最重要的部分,虽然无法量化,但舆论和社会监督会起到重要制约和褒扬作用。

中国商业伦理缺失的现状,主要表现在三个方面:

第一,缺乏诚信。在产品的质量上弄虚作假或者以次充好。这类例子哪怕在当今都随处可见,而且体现在许多方面。例如欠债不还,到期不交货等。企业信用的缺失,在很大程度上会增加企业间和整个社会的交易成本，为社会发展带来不利因素。

第二，缺少契约精神。"店大欺客""客大欺店"的事件时有发生。这其实也是缺乏诚信的表现。有的甚至更为严重，例如不遵守合同等。有所谓"新官不理旧账"，随意改变游戏规则，没有顾及合作伙伴的利益。

第三，不尊重商场的规则。虽然有人把商场比作战场，但是商场与战场大相径庭的是，战场要置对方于死地或者举手投降，但商场竞争的双方完全可以协同发展，而且如同麦当劳与肯德基、可口可乐与百事可乐，同行间相互竞争可以把蛋糕做大，在现在和未来的市场开拓新的领域，所以根本无须用上"三十六计"尔虞我诈。

现代企业竞争的最高境界是共赢。如果企业彼此之间只讲恶性竞争而不讲合作，那就会在很大程度上影响市场经济中的交易成本，进而形成恶性循环，对整个社会带来不良后果。

三、重构不是一劳永逸

那么怎样重构商业伦理，这又需要多久的历程呢？

从整个社会来讲，商业伦理的重构不会一劳永逸，需要长期的努力，逐渐逼近目标。即使是美国以及欧洲一些国家，法律制度比较严格，社会各方面对企业制约较多，企业诚信文化及信用机制较完善，整体社会伦理素质较高的情况下，也有一些诸如安然事件、华尔街丑闻等出现。

我们要基于优秀传统伦理思想，结合现代市场经济运作规律，重构现代商业伦理。地方政府部门要追求GDP，但不能唯GDP至上，而且我们要认识到如果一个地区缺乏商业伦理，营商环境恶劣，会严重影响当地的经济发展。坊间流传的"投资不过山海关"，虽有其片面性，但也折射出一些地区的营商环境还不理想，其中商业伦理上的问题占了很大比重。尤其是当地一些企业的行为有违商业伦理时，地方政府部门从招商引资、税收贡献等角度出发，纵容了企业的行为，让某些企业肆无忌惮。

当然，企业家自身的素质和意识也非常重要。在美国等许多西方国家，企业通过企业伦理内部制度化的方式规范自己的行为。其首要工作就是制定企业道德行为规范，也就是企业在日常业务活动中当道德价值观和经营业务发生冲突时应遵循的基本方针。美国很多优秀企业都有成文的伦理准则来规范企业家及员工的行为。在中国，也有万科、华为等公司制定了职工、商业行为准则。

此外，社会、媒体的外部监督，公众、学校的教育也是非常重要的。美国耐克公司在使用童工后就有社会团体和有影响力的公众人物号召抵制其产品，最后耐克公司不得不公开认错。随着社会公民素质的提高，中国也会形成整个社会关注并且共建商业伦理的氛围，从而推动企业更好地遵守商业伦理。

管理有道

做一个有原则的人

前段时间，美国人瑞·达利欧（Ray Dalio）所著《原则》（Principles）一书被热炒。作者达利欧是对冲基金公司桥水的创始人，很多人之所以推崇这本书，恐怕有很大因素是冲着这个名头去的。但是真正读完这本书的又有多少？更遑论将一些"原则"与自己的生活和工作结合起来思考？我想要说的是，无论你从事什么工作，本书中所提出的一些原则实在是真知灼见。诚如比尔·盖茨所言："瑞·达利欧曾向我提供的非常宝贵的指导和忠告，你在《原则》一书中都能找到。"海尔集团董事局主席张瑞敏先生也说："如何在复杂多变的环境和人际关系中创造出独特完美的自我？《原则》一书对此给出了可行的方案。"

我在授课中曾经引用杰克·韦尔奇的一个观点，"管理是将复杂的事情简单化，简单的事情规范化"。同样，达利欧在书中提出的500多条原则，可以帮助我们较为从容地应对复杂多变的环境——无论做人还是做事，从而更好地管理好自己的人生。达利欧认为，原则是根本性的真理，它构成了行动的基础，通过行动让你实现生命中的本义。如果没有原则，我们就将被迫针对生活中遇到的各种难以预料之事而孤立地做出反应，就好像是第一次碰到这些事一样。而做一个有原则的人则意味着，总是依据可以清晰解释的原则做事。

那么，原则的定义又是什么呢？在达利欧看来，原则基本就等同于价值观。达利欧指出："清楚地知道你的原则很重要，因为这些原则将影响你生活的所有方面，这会日复一日地频繁发生。"例如，当你培养人际关系时，你的原则和别人的原则将决定你们如何互动。拥有共同价值观和原则的人才会相处融洽。而没有共同价值观和原则的人之间将不断产生误解和冲突。而这，正和《论语》中："道不同，不相为谋"如出一辙。请注意，这里的"不同"，不是具体观点，而是"道"，也就是价值观。我在阅读作者这段文字时，不仅联想到多年来所见所闻的一些创业团队抑或经理人团队，有些还是我很熟悉的人，就是因为价值观不同，因此就经历了如下共事轨迹：同心协力、同甘共苦、同床异梦、同室操戈，最后同归于尽！

人生在世，无非是生活和工作两大内容。因此达利欧的这本书，就由"生活原则"和"工作原则"两部分组成。

对于生活原则，达利欧以其精彩的生活经历告诉我们，"尽管赚钱很好，但拥有有意义的工作和人际关系要比赚钱好得多。当思考你真正想要的东西时，最好思考它们的相对价值，以便合理权衡。从过去到现在，有意义的工作和有意义的人际关系都是我的主要目标，我做的一切事情都是为了

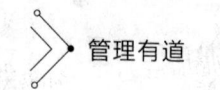

实现这两个目标,赚钱只是其附带结果"。可以想象,在中国当前场景下,一定有人会觉得他是"站着说话不腰疼"。但是细读此书,这正是作者经历了多次失败和成功后的肺腑之言。而不以赚钱为唯一目标,正是作者能够在经历惨痛失败或是种种诱惑时,矢志不渝,追求坚定目标的定力。就像史蒂夫·乔布斯在回顾1985年其被苹果解雇的经历时说:"那是一剂苦药,但我猜患者需要它。有时生活会给你当头一棒。不要失去信念。我确信推动我不断向前的唯一动力,是我喜欢我做的事。"

在工作原则方面,达利欧重点强调了员工之间的契合性和组织文化的重要。并且他认为做人和做事是完全一致的。"如果一个机构的员工感受到这种工作原则和生活原则的一致性,他们就会珍惜彼此之间的相处,从而和谐地共事,这种文化将渗透到他们所做的每件事情中。如果他们感受不到这种契合,工作的目标就会出现差异甚至冲突,他们会对彼此如何相处感到困惑。因此,每个机构,包括公司、政府、基金会、学校、医院等,都应当明确、清晰地阐明其工作原则和价值观,并持续贯彻下去。"达利欧在书中重点阐述了他是如何在桥水公司将生活和工作这两类原则有机统一起来,并对业绩产生积极影响。他结合公司的经营实践告诉我们,"没有什么比获得优秀的文化和优秀的人更重要,也没有什么比这更难"。所以,如果说以前我们还对企业文化对经营绩效的影响有所疑虑的话,看了这本书,通过作者企业经营的成功经历,尤其是经营一般人看来最追求功利性的金融企业的成功经历,这种疑虑应该随风飘去了。

  作为管理学教授,我一直认为,在互联网时代,我们的管理学教育,重点不在于知识的传授,而是在于激发学生管理智慧的思想火花。即不是"授之以鱼",而是更强调"授之以渔"。当今时代,学生可获得知识的渠道远超课堂,远比教师传授的要广和全。但思想和智慧则必须在激荡中产生,在互动中迸发。达利欧的《原则》一书,告诉我们如何做一个有原则的人,可以说就是一本"授人以渔"的佳作。